Brigitte Gabeli

Viel Glück und die besten Wünsche!
(persönliche Widmung des Dalai Lama)

Reiseerlebnisse & Geschichten aus Kalkutta, Dharamsala, Puttaparthi und...

Brigitte Gabeli

Viel Glück und die besten Wünsche!
(persönliche Widmung des Dalai Lama)

Reiseerlebnisse & Geschichten aus Kalkutta, Dharamsala, Puttaparthi und…

Bibliografische Information durch Die Deutsche Bibliothek:
Die Deutsche Bibliothek verzeichnet diese Publikation in der Deutschen Nationalbibliografie; detaillierte bibliografische Daten sind im Internet über http://dnb.ddb.de abrufbar.

ISBN 978-3-940450-61-6

Copyright (2008) Re Di Roma-Verlag

Covergestaltung: Natalie Jeromitschev
(www.grazy-design.de)

Alle Rechte beim Autor
www.rediroma-verlag.de

9,20 Euro (D)

Inhaltsverzeichnis

Meine Geschichten
Dalai Lama und Mutter Theresa
Thommy
Der goldene Shiva
Sai Babas verwunschener Garten
Unverhoffte Geschenke von Swami
Swamis Geburtstag mit Sai Gita
Mystische Palmblattbibliothek
Buddha hat Geburtstag
Max, mein über alles geliebter Max
Seva im Speisesaal
Glossar

Meine Geschichten

INDIEN, großes wundervolles Indien, mein geheimnisvolles Reich der Götter und Heiligen, mein Gott, wie liebe ich dich. Diese Faszination, der süße starke Geruch, die warme laue Luft, da wird etwas in mir wachgerufen, nach dem ich große Sehnsucht hatte.

Weisheit des Sai Baba:

„Es gibt keine größere spirituelle Übung (Sadhana) als der Dienst am Nächsten. Dem Nächsten zu dienen ist an sich das Mittel, um göttliche Gnade zu erlangen. Jeder von euch muss diese Wahrheit erkennen. Dienst an der Gesellschaft ist das höchste Gut. Es ist Wahrheit, rechtes Handeln, Friede, Liebe und Gewaltlosigkeit, die Glück und Freude bringen. Es sind die fünf Grundsätze, die das Leben erhalten. Unter keinen Umständen sollte von diesen Grundsätzen abgewichen werden. Dient der Gesellschaft mit diesen Grundsätzen im Sinn und einem toleranten Engagement für das Wohlergehen aller"

Baba

Wenn ich daran zurückdenke, als ich das erste Mal von Sai Baba hörte, war ich wie gebannt; ob es so einen Avatar, eine göttliche Inkarnation, einen Gott in menschlicher Gestalt wirklich gibt? Es wäre einfach zu gigantisch, unvorstellbar, Furcht einflößend. Mir wird bewusst, ich hätte entsetzliche Angst bei der Vorstellung, dass eine göttliche Inkarnation durch mich hindurch sieht.

Und doch ging er mir nicht mehr aus dem Kopf und die Broschüre, die ich von ihm hatte, wurde mit der Zeit verknittert, vergilbt und hatte etliche Kaffeeflecken aufzuweisen. Aber ich hütete sie wie meinen Augapfel. Wie gerne würde ich nach Indien fliegen, um ihn zu sehen, aber was wollte ich von ihm, sehen oder spüren, dass er eine göttliche Inkarnation ist? Man sagt, er würde für seine Devotees (Anhänger) Vibutti (heilige Asche), Schmuckstücke, das plötzliche Auseinanderbrechen einer Kokosnuss, seine Fußabdrücke auf Vibutti, Heilung für Kranke bringen; und unendlich vieles mehr. Viele haben versucht, über ihn zu schreiben, viele wollten hinter sein Geheimnis kommen. Sai Babas übernatürliche Kräfte waren damals schon Legende. Er kann materialisieren, Dinge aus dem Nichts entstehen lassen, wie zum Beispiel Früchte, Süßigkeiten, Schmuckstücke und immer wieder Vibutti, heilige Asche. Er besitzt die Fähigkeit, die Bilokation, d.h. sich an weit entfernte Orte zu gleicher Zeit aufzuhalten, die Fähigkeit der Translokation, d.h. vorübergehend seinen Körper zu verlassen, er kann hellsehen, und der Katalog seiner Wunder ist lang. Es heißt, Menschen, die Baba segnen möchte, erscheint er in ihren Träumen. Plötzlich wusste ich, was ich mir wünschte: einen Talismann, der mir Glück bringt und mir meinen Weg anzeigt.

Ich weiß nicht, wie viel Zeit vergangen ist, aber eines Tages, am Morgen vor Heiligabend, kam Svenja, meine Tochter, und sagte: „Stell dir vor, Mama, gestern war ich auf dem Weihnachtsmarkt mit Jutta und sah einen Stand mit wirklich vielen Anhängern, da sah ich ein Stück und dachte mir: Ja, der ist hübsch, den kauf ich dir. So kauften wir den ganzen Vormittag Geschenke ein. Zuhause angekommen, bewunderten wir unsere Beute. Da sah ich den Anhänger, der für dich ist, genauer an, und weißt du, was es ist? Eine brennende Lilie und die fünf großen Weltreligionen, das Sai Baba Sarvadharmah-Emblem, das die Einheit der fünf Weltreligionen darstellt. Zufällig las ich auf dem Beipackzettel, dass es das Emblem von Sai Baba ist." Ich war überglücklich, denn nun hatte ich ja auf wunderbare Weise meinen Glücksbringer von Swami bekommen, ohne dass jemand meinen Wunsch kannte, nicht einmal Svenja.

Es war im Jahr 1997 auf einer großen Messe in München. Eine Freundin und ich hatten einen tollen Tag und wollten zum Abschluss noch gemütlich eine Tasse Kaffee trinken gehen, als wir zufällig an einem Stand mit vielen indischen Kleidern und Accessoires vorbeikamen.

Da stand in der Mitte ein großes Bild von Sai Baba und davor ein wunderschöner Altar mit frischen Blumen und besonderen Steinen. Begeistert blieb ich stehen und kam mit der jungen Frau, die davor stand, ins Gespräch.
Sie erzählte mir, dass der Stand ihrer Freundin gehöre, die ein großer Anhänger von Sai Baba ist, und dass auch sie über Weihnachten und Neujahr mit drei anderen Frauen eine Reise nach Indien gebucht habe. Allerdings musste eine von den dreien die Reise stornieren, ein Platz wäre also noch frei. „Gehen Sie ins Reisebüro und schauen Sie, ob Sie in dem Flieger noch mitkönnen, wäre doch schön!"

Ich war hin und her gerissen, so tauschten wir die Adressen aus, und ich versprach, mich zu melden, sollte es in den nächsten 10 Tagen klappen.

Als wir abends nach Hause fuhren, ging mir alles durch den Kopf. Endlich hatte ich die

Chance, nach Indien zu fliegen, in netter Gesellschaft, nicht allein, und die anderen waren schon Indien erprobt und konnten mir alles zeigen und erklären, was ich wissen musste. Und plötzlich bekam ich richtig Angst und Beklemmungen vor dieser großen Reise, vor Krankheit und dem Avatar oder was sonst noch passieren könnte.

Und wie ich so in mich versunken dasaß, hatte ich plötzlich eine Vision. So bat ich Swami inständig, mir bei meiner Entscheidung zu helfen, ich wollte nicht krank werden (in Indien) und wieder gut nach Hause kommen.
Da wurde es auf einmal ganz ruhig um mich herum und ich fühlte eine Stimme, die sagte: „Sei unbesorgt, es wird dir nichts geschehen, fahre ruhig." Und da war so eine Gewissheit, dass kein Zweifel mehr Platz hatte.

Mein Entschluss stand fest, am nächsten Tag war ich im Reisebüro; zunächst hatte ich nur einen Hinflug, aber sieben Tage später zu meiner Freude auch einen Rückflug.

Nun bekam ich von meinen Mädels (so nannte ich meine Reisebegleiterinnen) eine lange Liste, was ich dringend brauchte und was nicht. Ich war bewaffnet mit Schlafsack, WC-Papier, Moskitonetz, und vielem mehr. Sie sagten mir eindringlich: „Erwarte nichts, rechne mit dem Schlimmsten, dann kann dir nichts passieren." Und so war es auch. Kurz vor Weihnachten ging es los, erst Stuttgart – Amsterdam, dann Bombay und von dort auf dem Inlandflughafen nach Bangalore, schließlich eine fünf-stündige Autofahrt nach Puttaparty.

Als wir in Bangalore landeten, war ich überglücklich, wieder diese laue, warme Luft, der süßliche Duft nach Jasmin, ich hätte den Boden küssen können, und dieses Gefühl ist bis zum heutigen Tag geblieben.

Dann kam eine nicht enden wollende Autofahrt mit dem Taxi, das ratterte und knatterte. Das kann nur verstehen, wer in Indien schon mal Taxi gefahren ist. Wir waren alle vollkommen erledigt von dem langen Flug, dem Umsteigen auf den Flughäfen und dem Lärm. Es machte mich unendlich betroffen: die unzähligen Bettler und Obdachlosen. Dicht gedrängt, in armseligen Elendsquartieren und dazwischen die Betonfassaden der Hochhäuser. Nachts verwandeln sich die Straßen in die Schlafstätten der Armen. Für sie ist die Straße der Ort, wo sich alles abspielt: wo sie sich waschen, kochen, schlafen und sterben. Und als ich plötzlich die abgemagerten Tiere sah, wurde mir ganz schwer ums Herz. Nach zwei endlos langen Stunden machte unser

Fahrer die erste Pause, alles tat mir weh und die Müdigkeit hing in unseren Gliedern. Es waren da Bretterbuden, eine an der anderen, die ganze Straße entlang. Plötzlich sah ich einen kleinen Hund, ca. sechs Monate alt, in einem erbärmlichen Zustand, sein Fell war völlig verdreckt und verkrustet, der von einem alten zahnlosen Mann mit dessen Stock geschlagen wurde. Ich brüllte den Alten an (in gemeinem schwäbisch), er solle den Hund in Ruhe lassen, aber der Mann brüllte nur zurück und drohte nun mir mit seinem Stock. Als hätte der kleine Hund es verstanden, kam er wedelnd auf mich zugekrochen, auf allen Vieren, und legte sich auf den Rücken, ich solle ihn doch streicheln und kraulen. Da brüllten meine Mädels: „Um Gottes Willen, berühre ihn nicht, der hat alle Krankheiten, du holst dir den Tod". In Indien gibt es Krankheiten, die sind bei uns noch nicht bekannt. Der kleine Kerl sah mich immer noch auf dem Rücken liegend, wartend an. Da konnte ich nicht anders, ich nahm ihn hoch, drückte ihn an mich und streichelte ihn und versprach: „Ich werde wieder kommen und dich holen, du lieber kleiner Kerl." Aber schon riefen die anderen, ich solle kommen, es gehe weiter. Dem Alten schrie ich an: „Warte ab, den Kleinen hol ich dir weg". Er aber fuchtelte mit seinem Stock und lachte. Jetzt war ich wirklich erledigt, noch mehr ging nicht, so schlief ich völlig erschöpft im Sitzen ein und Karla meinte nur: „Brigitte, diese Holzhütte mit dem kleinen Hund findest du nie mehr, glaube mir."

Meine Reisebegleitung hatte alles fachmännisch im Griff. So blieben wir nicht im Ashram sondern wohnten ca. 200 m entfernt in einem relativ guten Hotel. Da wurde mir ein Zimmer bzw. ein 2-Zimmerappartement mit Küche, Dusche und WC zugeteilt, für indische Verhältnisse sehr komfortabel und sauber, allerdings war ich am Anfang noch alleine dort, doch das sollte sich bald ändern.

Noch bevor ich Luft holen konnte, klopfte es an der Türe und eine junge Frau mit ihrer Tochter aus Frankfurt fragte, ob ich Lust hätte, gleich in den nächsten zehn Minuten mitzukommen zum Darshan. Sie hatte gehört, dass ich aus Heilbronn kam und das erste Mal in Puttaparty war. Ich war begeistert, so duschte ich in aller Eile, zog mich frisch an und los ging es.

Endlich war der große Augenblick gekommen, ihn zu sehen, den größten Avatar aller Zeiten, von dem so viel geschrieben und erzählt wurde. Auch sagt man, dass alle Wunder, die von Baba erzählt werden, wahr sind. Aber auf diese Menschenmassen, die täglich in den Ashram strömen, muss man sich erst einmal mental einstellen. Alles ist in Bewegung und man beeilt sich, um einen guten Platz zu erwischen und ihm möglichst nah zu sein. Viele haben Briefe dabei, denn man sagt, nimmt Sai Baba den Brief, ist er schon beantwortet bzw. erfüllt.

Auch habe ich immer erlebt, wenn man stundenlang sitzt und wartet, ist es wie in einer anderen Welt, ja einfach eine andere Sphäre.

Dann wurde es mucksmäuschenstill, man hätte eine Nadel fallen hören, und da kam er und schritt langsam in den tieferliegenden Hof, lief durch die Reihen, berührte jemand am Kopf, materialisierte Vibutthi, und was immer er anschaut, wird beseelt und belebt. Er ist Energie pur. Danach wurden noch Bhajans gesungen und das Ganze dauerte ca. 2 Stunden. Überglücklich ging ich wieder in mein Hotelzimmer, um wenigstens ein paar Stunden auszuruhen, aber daraus wurde nichts, denn plötzlich klopfte es und der Hotelpage bat mich, doch herauszukommen, es gäbe eine neue Zimmeranwärterin, die noch sehr unentschlossen sei, soll sie oder soll sie nicht? Wir sahen uns kurz an, sie strahlte und sagte: „OK, ich glaube, hier bin ich richtig."
Susann war Journalistin bei einer großen Zeitschrift und schon sehr oft in Puttaparthy gewesen, wo sie auch viel über Sai Baba in

Deutschland geschrieben hat. Da hat sie mir erzählt, als sie das erste Mal nach Indien kam, wollte sie die Palmblattbibliothek aufsuchen und niemand wusste, wo sie sein sollte (vor ca. 20 Jahren). So fragte sie am Flughafen ein paar Engländer, die zwar die Palmblattbibliothek nicht kannten, sie aber nach Puttaparty einluden. Susann verstand nur etwas von einer Party und dachte: „Ok, warum nicht." Übrigens hat sie dann bei Sai Baba den Verfasser der ersten deutschen Berichte über die Palmblattbibliothek kennen gelernt, und das bei Sai Baba. So hat sie mir alles, aber auch wirklich alles, über Swami, seine berühmten Devotees, den Ashram und Indien erzählt Auch haben wir gleich einen schönen Altar aufgebaut mit Fotos von Swami, frischen Blumen und vielen Süßigkeiten. Sie war wie ein Engel, der geschickt wurde, um mir alles zu zeigen und zu erklären, sie war super. In meinem Gepäck hatte ich so ziemlich alles dabei, was man in Indien braucht, nur eines hatte ich total vergessen: es waren Ohrenstöpsel, welche mir empfohlen wurden wegen des nächtlichen Lärms auf der Straße. Ich dachte mir, na ja, nicht so schlimm, aber da hatte ich mich getäuscht. Erstens ist der Energiepegel sehr hoch in Puttaparthy bzw. bei Sai Baba; so habe ich die ersten Nächte kein Auge zugemacht, dann kam das Jaulen und Bellen der hungrigen Hunde dazu, die, wie mir erzählt wurde, von manchen Einheimischen gejagt und durch Steinschleudern misshandelt werden.

Am nächsten Morgen um 5 Uhr ging ich zum Darshan, dieses Mal jedoch war ich so am Ende, dass ich nach einer halben Stunde heulend und schluchzend den Tempel verließ und zu Gott betete, er möge doch die armen Kreaturen beschützen und ihnen helfen. Kaum war ich im Hotelzimmer angekommen, fiel mir der kleine Hund wieder ein, der so gemein getreten wurde, und nun heulte und schluchzte ich nur noch. So fand mich Susann! Sie beruhigte mich und erzählte mir von zwei Frauen aus Schweden, die hier Esel retteten, denen die Füße so zugebunden waren, dass die Fesseln eingewachsen waren. Und so haben sie diese des Nachts in die Rikshas gepackt und an einen sicheren Platz gerettet. Heute hätten sie eine Tierauffangstation in Puttaparthy, wo Susann sowieso hinwollte, um Fotos zu machen und einen Bericht zu schreiben. Was für ein Zufall? Komm, vielleicht können sie uns helfen. Und wieder ging die Sonne auf, ich sah einen Hoffnungsschimmer am Horizont. Plötzlich sah alles wieder freundlicher aus. Wir holten uns eine Riksha und fuhren los. In der Auffangstation angekommen, wurden wir von Pauline empfangen, die während der Abwe-

senheit der Chefin zuständig war. Pauline war aus England und ist für unbestimmte Zeit in Indien, um sich zu finden, eine Seele von Mensch.
Pauline hörte mir aufmerksam zu und hielt meine Hand, da ich wieder von Weinkrämpfen geschüttelt wurde. Sie war entsetzt aber sie sagte auch, ja, das mit den Hunden sei ein großes Problem. Die Einheimischen lassen sie nicht kastrieren, die Hunde vermehren sich, haben Hunger, die Leute kümmern sich nicht und schmeißen Steine nach ihnen usw. und misshandeln sie.

So bat ich Pauline, ob sie nicht mitfahren könne, den kleinen Hund zu suchen, ich zahle das Taxi und werde etwas spenden. Da noch drei andere Helfer da waren und ich so fertig war, willigte Pauline ein, am nächsten Tag mit mir nach Bangalore zu fahren und unser Findelkind zu suchen. In diesen ersten Tagen war mir, außer den Hund zu finden, nichts anderes wichtig, aber überhaupt nichts.

Am nächsten Morgen ging es los, wir hatten etwas Wasser und Proviant dabei und waren guter Dinge, immerhin würden wir etliche Stunden unterwegs sein. Zu Beginn waren wir noch sehr optimistisch, aber je länger wir fuhren, umso mehr schwand die Hoffnung, den kleinen Kerl zu finden. Es war zum Verzweifeln, jede Holzbaracke sah aus wie die andere, und ich dachte an die Worte von Hanne: „Den wirst du nie mehr finden." Schließlich waren wir fast bis in Bangalore und fuhren traurig und still wieder zurück. Pauline meinte noch: „Was für ein Glück, dass unsere Chefin erst übermorgen kommt, sonst wäre unser Ausflug nicht möglich gewesen." Aber ich ließ nicht locker: „Ach bitte, Pauline, geh morgen noch einmal mit mir, vielleicht haben wir ja morgen mehr Glück ich habe so ein gutes Gefühl, morgen klappt es!"

Die arme Pauline, ihr blieb nichts übrig, also willigte sie erneut ein. So verabredeten wir uns wieder für den nächsten Morgen, 7 Uhr, beim Taxistand. Ich konnte die Hoffnung nicht aufgeben, ihn doch noch zu finden und war froh, Pauline am nächsten Morgen zuzuwinken und ihr entgegenzulaufen. Sie war so ein Sonnenschein, immer fröhlich und hilfsbereit.

Plötzlich waren alle wild am Rennen, es war eine große Aufregung, Geschubse und Gedränge, ich wusste gar nicht, was los war, bis Pauline mich am Ärmel zog und sagte: „Schau nur, da im weißen Wagen kommt Swami und fährt gleich an uns vorbei! So stellten wir uns nebeneinander und falteten die Hände, und wirklich, er fuhr ganz langsam an uns vorbei und schaute uns nacheinander direkt in die Augen. Da spürte ich zum ersten Mal, wie es ist, wenn in einem Augenblick ein Film abläuft, Zukunft, Vergangenheit und Gegenwart, es war ganz merkwürdig. Wir haben alle gejubelt, und ich sagte zu Pauline: „Heute finden wir den Kleinen, ich weiß es ganz sicher." Und wirklich, nun waren wir so motiviert, es konnte nichts mehr schief gehen. Pauline erzählte dem verdutzten Taxifahrer unser Vorhaben (es war nicht der gestrige), der grinste nur sehr freundlich. Nach einer ca. zweistündigen Fahrt schrie ich plötzlich: „Haaalt! Hier muß es sein", und wir trauten unseren Augen nicht, denn der kleine Hund saß dort am Baum. Pauline hatte noch Krishna, einen jungen Mann, mitgenommen, der bei ihnen die Tiere versorgt. Ich ging mit Pauline über die Straße, der Taxifahrer hatte Anweisung, sowie wir mit dem kleinen Hund im Auto waren, Gas zu geben, und zwar schleunigst.

Man sollte es nicht glauben, aber als ich den kleinen Hund ansprach, freute der sich so, dass er Pipi machte. Dann ging es schnell, Krishna schnappte ihn und wir rannten hinter ihm her, der Taxifahrer kannte seine Rolle in dem ganzen Geschehen und gab Gas. So jagten wir mit quietschenden Reifen davon. Diesen Anblick werde ich jedoch nie vergessen, denn der Alte saß wie vor wenigen Tagen an dem kleinen Holztisch und schaute uns mit seinem zahnlosen, offen stehendem Mund fassungslos hinterher, als hätte er einen Geist gesehen. Ich glaube, er hat mich wieder erkannt, denn ich warf ihm noch ein Handbussi zu.

Wir alle waren überglücklich und der kleine Hund erst; er schleckte unsere Hände ab und kam mit dem Wedeln gar nicht nach. Durch das stundenlange Fahren wurde es dem Kleinen mit der Zeit wohl schlecht und er hat sich übergeben. Da sahen wir mit Entsetzen den Inhalt von seinem kleinen Magen: Krallen von Hühnchen, Plastik und Holz. Aber ab jetzt sollte es ihm gut gehen. Pauline meinte, ich solle ihm doch einen Namen geben, da „sie" mein Findelkind ist und so gab ich ihr den Namen Sai Baby! (heiliges Kind).

Nun konnte ich mich überglücklich und gelöst meiner Spiritualität und dem Darsham widmen, jedoch immer mit einer Tüte Brot und Kuchenresten für hungrige Vierbeiner. Und natürlich war ich in jeder freien Minute bei Sai Baby in der Auffangstation, die war überglücklich, wenn ich kam. Merkwürdig war, dass sie nach ein, zwei Tagen so gut und gepflegt aussah, dass Pauline sorgenvoll meinte, wenn ihre Chefin den gepflegten

Hund sähe, würde sie schimpfen, es gäbe weitaus jämmerlichere, mehr abgemagerte Kreaturen. Aber es sollte anders kommen. Also erzählte Pauline: „Am nächsten Tag kam eine vornehme ältere Dame mit ihrem Mann, total aufgelöst und von Weinkrämpfen geschüttelt, genau wie du, und erzählte, als sie vor drei Tagen auf dem Weg vom Flughafen nach Puttaparti an einer Raststätte anhielten, hätte sie einen kleinen, ca. ein halbes Jahr alten Hund gesehen, er sah so erbärmlich und geschunden aus, verdreckt und verschmiert und wurde von einem alten zahnlosen Mann mit dem Stock geschlagen. Sie möchte Pauline bitten, ob sie ihr nicht helfen könne, den Kleinen zu finden?" Da wurde auch die Chefin von Pauline hellhörig und Pauline erzählte daraufhin von unserer zweitägigen Suchaktion. Sie ging in das Haus und holte Sai Baby. Da rief sie: „Ja, das ist der kleine Kerl" und Sai Baby kam freudig wedelnd auf sie zu. Auch war sie erstaunt, wie schnell er sich erholt hat und wie gut er aussah. Die Dame war überglücklich.

Übrigens habe ich sie einmal abends mit Pauline in der Stadt getroffen, da hat sie mich liebevoll umarmt und sich bei mir bedankt, dass ich ihr den anfangs größten Kummer und die Sorge abgenommen habe.
Nun war meine Rückkehr schon wieder im

Blickpunkt, ja weinend und mit schweren Herzen, einem weinenden und einem lachenden Auge bin ich wieder nach Hause gefahren, schweren, schweren Herzens, aber das sollte erst der Anfang sein; wie sagt man so schön: "Einmal Indien; immer Indien."
Om Sai Ram.

Dalai Lama und Mutter Theresa

Ja, liebe Ulli, wenn du anrufst, freue ich mich, und mein Thomas bekommt einen Tobsuchtsanfall. Warum, ich sag's euch. Ich war wie immer in meinem Lädchen, als Ulli anrief und mich fragte, was ich die nächsten Wochen so alles machen würde. Sie hatte einen heißen Tipp: 20 Tage mit einer Tibet-Reisegruppe nach Dharamsala und eine Audienz beim Dalai Lama. Ulli hat eigentlich immer Superbeziehungen. So wäre der Hin- und Rückflug sehr günstig und dort hätten wir einen Mönch, den Ulli gut kennt, als Reiseführer. So bräuchten wir uns nicht unbedingt der Gruppe anschließen.

Etwas unsicher fragte ich nach, da sich bei Ulli öfters unvorhergesehen etwas ändert. „Aber ja, hundert Prozent, das klappt."
„Na gut, nicht dass ich Himmel und Hölle in Bewegung setze und nachher allein nach Tibet fliege."

Dann rief Ulli an: „Du, leider kann ich nicht, habe unverhofften großen Besuch aus Frankreich und kann unmöglich absagen." So, das saß. Aber zurück wollte ich nicht mehr, aber 20 Tage mit einer Reisegruppe, oh Gott, nee. So überlegte ich folgenden Plan: Ja, zum Dalai Lama nach Dharasalam wollte ich gern, das war schon immer ein großer Wunsch von mir, und der zweite Wunsch war, einmal bei den Missionaries of Charity in Kalkutta bei Mutter Theresa ehrenamtlich helfen zu dürfen. Das wäre ein wirkliches Privileg, ja das wäre wunderbar. Ich könnte es ja halbieren, eine Woche Dalai Lama und eine Woche Mutter Theresa, Kalkutta. Ach Klasse, da geht ein langer Traum in Erfüllung, meine Reiselust ist geweckt, auf geht's nach Tibet und Kalkutta.

Zunächst kaufte ich mir ein Ticket bzw. kam ich mit der Reisegruppe nach Dehli und buchte für dort einen Inlandflug weiter nach Kalkutta. In Kalkutta wollte ich die erste Woche bleiben, und da das Treffen mit dem Dalai Lama nicht hundertprozentig sicher war, weder ob wir eine Audienz bekommen noch ob er auch da sein würde, hoffte ich doch, mein Wunsch würde sich erfüllen. So begann ich zu Hause wieder meine Futterstellen auszugeben, d.h. netten Bekannten Katzenfutter zu bringen, die solange meine wilden Miezen füttern würden, bis ich wieder zu Hause war.

Eigentlich war die Reisegesellschaft recht nett, allerdings kannten die sich etwas, während ich mich auf Ulli verlassen hatte, aber na gut. Ich hatte mir aus dem Internet und von einer Bekannten meiner Tochter Svenja, einer ehemaligen Schwester der Nächstenliebe, ein Hotel ausgesucht. Für indische Verhältnisse teuer, aber sonst wären mir vielleicht die Mäuse übers Gesicht gelaufen. Nach dem langen Flug nach Dehli stieg ich schließlich um zu einem Inlandflug nach Kalkutta. So landete ich schließlich in Kalkutta, ich nahm mir ein Taxi und fuhr ins Hotel. Auf dem Weg dorthin wurde mir immer wieder so bewusst, die wirklich Armen wohnen auf den Verkehrsinseln und auf den Bürgersteigen, dort schlafen und essen sie, dort leben und sterben sie.

Das Hotel war gar nicht schlecht, und wenn der Deckenventilator zu wenig blies, liefen überall Insekten und Kakerlaken herum, aber ich liebte es, denn von da ab war es bei 40° C kühl wie im Gefrierschrank. Ich atmete tief durch und stellte den Deckenventilator auf volle Tour, es war wie ein Kühlhaus, aber wenigstens waren die Tierchen verschwunden, denen war es wohl auch zu kühl. Ich war glücklich und voller Erwartung auf das Kommende. Da es erst 7.00 Uhr morgens war, habe ich mich geduscht, frisch angezogen und bin mit einer Riksha zum Mutterhaus in der Lower Circular Road 54 A gefahren. Es war ein ganz besonderer Augenblick, dieses besondere Haus mit den Schwestern der Nächstenliebe und der Erinnerung an Mutter

Theresa, über die ich schon viel gehört und gelesen habe.

<u>Zitat eines Hindus über Mutter Theresa:</u>

„Ihr hebt die Sterbenden von der Straße auf und tragt sie in den Himmel."

Ich stellte mich den Nonnen vor, die mich sehr liebevoll begrüßten und willkommen hießen, auch war eine Nonne aus Deutschland da, Schwester Pia, sie erklärte mir alles, wo ich mich einzufinden hatte, ob ich Seva machen wollte und wo. So haben wir es dann vereinbart: morgens bzw. am Vormittag in Kalighat im Sterbehaus und am Nachmittag bei den Einjährigen in der Kinderstation. Ja, in Indien ist große Not, aber bemitleidend bleiben und ein Trauerdasein ist eben auch nicht die Lösung. Und wenn ich die Schwestern ansehe, ja sie sprühen vor Freude, vermitteln gute Laune, sehr feine Menschen, die das Mitgefühl noch leben.
Wir wollten ganz leben wie die Armen, damit wir wirklich spürten, wie ihnen zumute ist. Die Schwestern haben fast alle Berufe erlernt, um den Armen effektiv helfen zu können als Lehrer, Sozialarbeiter, manche haben auch Medizin studiert. Sie haben Spitäler und Rehazentren für Lepra- und Aidskranke, Asyle für Obdachlose, Heime für Alkoholkranke und

ausgesetzte Kinder. Auch kümmern sie sich um warmes Essen und Kleidung für die Slumbewohner.
So gab es jeden Morgen um 6.00 Uhr den Gottesdienst im Mutterhaus, wo sich alle einfanden, Schwestern und Helfer, wo Gebete gemeinsam laut gelesen werden, da ist eine Stimmung, die ist einfach unbeschreiblich wunderbar. Wenn ich heute die Augen schließe und daran denke, höre ich die Gebete, die laue Luft, den Straßenlärm, der wie von weit her durch die offenen Fenster weht. Dann ist ein gemeinsames Gebet am Nachmittag und eine Stunde Anbetung am Abend.

Dort in Kalighat im Sterbehaus helfen zu dürfen ist ein Privileg, und es waren ganz besondere Momente für mich, da war dieses Kalkutta, diese Millionen Menschen ganz nah, jeder einzelne, der Bettler und der Hund am Straßenrand.

Als ich am zweiten Tag kam, ging ich zu jeder Person, gab ihr liebevoll die Hand und begrüßte sie. So begannen wir dann Essen auszuteilen und auch alle anfallenden Arbeiten zu tun, von Wäsche waschen, Wäsche aufhängen, Geschirr spülen und vielem mehr, was eben anfiel und für was man gebraucht wurde. Am nächsten Tag kam ich zu einer sehr netten Frau, die blind war. Als ich sie begrüßte, strahlte sie so sehr, zog mich zu sich herunter, fuhr mit der Hand über mein Gesicht und gab mir ein Bussi auf die Stirn und ich ihr ebenfalls. Dieses Ritual machten wir von da an jeden Tag. So war jeder Mensch dort etwas ganz Besonderes. Was mich auch sehr bewegt hat, war eine sehr alte Frau, und als wir das Essen ausgaben bzw. behilflich waren, und ich sie auch fütterte, kam eine Schwester und brachte ihr zwei Löffel Zucker, welchen sie ihr über das Butterbrot streute, und meinte lächelnd: „Das liebt sie über alles." Das waren Glücksmomente, wo mein Herz aufging bei so viel Mitgefühl. Das ist wirkliche Barmherzigkeit und Nächstenliebe, den Sterbenden ihre kleinen Wünsche zu erfüllen.

Ich glaube sowieso, die wirklich großen Taten sind die vielen kleinen, in Liebe ausgeführten Taten.

Dann kam der Nachmittag, da fuhr ich dann zum Haupthaus, wo ein paar Häuser weiter das Waisenhaus war. Ich war bei den Ein- bis Zweijährigen, da sagte mir eine Volontärin, dort will niemand hin, denn die Kleinen wollen hochgenommen werden, was wir nicht dürfen, damit keines bevorzugt wird. Ok, das war meine Abteilung. Diese süße, ca. 30-köpfige kleine Rasselbande. Den drei Inderinnen, die quasi als Erzieherinnen fungierten, passte das gar nicht, aber sie mussten mich hinnehmen, ob sie wollten oder nicht. So machte ich folgendes: draußen zog ich die Schuhe aus, legte Brille und Tasche weg. Ich ging rein und setzte mich sofort auf den Boden, so konnten sie alle kommen, ohne dass die „Aufseher" etwas sagen konnten. Da sie erst zwischen ein und zwei Jahren waren, spielten sie nur Ball und das eben altersgerecht. Viele Spielsachen hatten sie nicht. Abends half ich beim Füttern ihres Breies, was sie natürlich ausnützten. So ging der Brei rein, dann wieder lachend raus, bis die Inderinnen dann ein Machtwort sprachen. Zwei Kinder hätte ich so gerne mitgenommen, ein kleiner indischer Junge, dem fehlte ein Ohr und ein kleiner Chinese, der Laufschienen wegen seiner Hüften hatte. Er hatte jedoch einen unglaublichen Charme, und immer wenn er mich sah, zeigte er mit den Händen, ich soll zu ihm kommen. Dann strahlte er und umarmte mich.

Jetzt wo ich so von ihnen erzähle, laufen mir die Tränen runter, vielleicht sehen wir uns ja wieder, denn in meinen Gebeten sind sie eingeschlossen, auf dass sie glücklich sind und immer geliebt werden. Und wenn ich um 18.30 Uhr ging, gab ich allen ein Bussi auf den Kopf und einen Lolli, die mir Svenja, es

waren ca. 500 Stück, von ihrem Polterabend mitgegeben hatte. Die restlichen bekamen die Sozialarbeiter für die Kids in den Slums.
Und eines Tages hatte ich ein sehr einschneidendes Erlebnis. Um 6 Uhr früh war Gottesdienst, um 7 Uhr fuhren wir im überfüllten Bus nach Kalighat ins Sterbehaus, dann um 14 Uhr ins Waisenhaus, 19 Uhr Gottesdienst und dann lief ich müde und hungrig aber glücklich zum Hotel. Etwas Geld hatte ich immer dabei, und wenn etwas wirklich mein Mitgefühl hatte, gab ich unauffällig etwas Geld, oder was auch immer ich dabei hatte, für die Vierbeiner Kekse.

Ich ging ins Hotel, duschte und vorher bestellte ich mir etwas Vegetarisches, was mir gebracht wurde und wirklich schmeckte. Da merkte ich, dass mir das Wasser bzw. der Sprudel ausging. So ging ich nochmals aus dem Hotel und musste über eine 8-spurige Autobahn zu einem Bretterkiosk, um Wasser zu kaufen.

Als ich zurückgehen wollte, blieb ich noch einmal stehen und sah mich um, denn was ich sah, hatte ich so noch nie gesehen. Es war ein Mann, auf einen Stock gelehnt, aber er war von einer total grauen Farbe, vom Kopf, Haar, Gesicht bis zu den lumpenumwickelten Füßen, unvorstellbar, alles eine Farbe. Wieder und wieder schaute ich zurück. Ich ging zurück, da wollte ihn ein anderer gerade wegjagen, aber ich deutete ihm an, er solle ihn doch in Ruhe lassen, er tue ihm ja nichts. Plötzlich schauten wir uns in die Augen, da sah ich, dass er schon lange kein Wort mehr geredet hatte. Ich sah vor meinem geistigen Auge in Sekundenschnelle ein kleines Kind, dann einen größeren Jungen, und immer sehe ich ihn alleine, den Menschen mit diesen Augen. Ich sah, dass er weder eine Ansprache noch eine Seele hatte, mit der er kommunizieren konnte. Das war ein Schock. Ich gab ihm 100 Rupie und ging weiter, er sah mir nach und ging weg. In dieser Nacht habe ich schrecklich geweint. Ich dachte mir, Hunde haben andere Hunde, sie tollen und spielen, dieser Mensch sitzt jedoch unter einer Brücke und ist wirklich allein; das ist wirkliche Einsamkeit, wie ich sie so noch nie gesehen habe.

Am nächsten Tag war wieder alles erfüllt mit Liebe, Lachen, Weinen. Und immer liebe ich diese lauen Nächte, dieses Leben in den Straßen. Als ich am Abend wieder in meinem Hotelzimmer war, fiel er mir plötzlich wieder ein und ich dachte mir, ob er wohl wieder dort drüben steht. Es ließ mir keine Ruhe, so nahm ich mir wieder Geld, um Wasser zu kaufen. Plötzlich sah ich ihn am Boden sitzen und irgendwelche Reste essen, da sah ich zu meinem Erstauen, dass es ein ganz junger Mann war. Er hatte zwar immer noch die eine graue Farbe, aber irgendwie hatte er sich doch gewaschen oder es wenigstens versucht. Es waren schon mehr Schattierungen in dem grau.

Ich ging an ihm vorbei und gab unauffällig ein paar Rupien hin. Er sah nicht hoch, nahm das Geld und aß weiter. Ich war glücklich. Erstens freute ich mich, dass sie ihn nicht weggejagt hatten, aber er hatte ja jetzt etwas Geld und konnte sich etwas zum Essen kaufen. Am nächsten Abend das gleiche Spiel, aber dieses Mal sah man noch mehrere Schattierungen, ich glaube, er hat jeden Tag versucht, sich etwas mehr zu reinigen. Ohne jemals aufzusehen nahm er das Geld und murmelte etwas. Ich spürte, diese liebe, einsame Seele kann nicht mal aufsehen, geschweige denn kommunizieren. Ich überlegte mir, was er wohl in zwei bis drei Tagen macht, wenn ich nicht mehr kommen würde? Mir zog sich das Herz zusammen bei dem Gedanken, dass niemand mehr nach ihm sähe.

Ich ging am nächsten Tag zu Schwester Pia und erzählte ihr von ihm. Aufmerksam hörte sie zu und fragte mich: „Was sollen wir deiner Meinung nach tun?" Ich fragte sie, ob nicht ein Streetworker mitkommen konnte, dass, wenn ich übermorgen abreisen würde, sie sich um ihn kümmern konnten, damit sie wussten, wo er war und wie er aussah. Es lag mir so am Herzen. Schwester Pia meinte nur lächelnd: „Wir werden sehen, ich schaue nach, was ich machen kann." Und prompt sprachen mich am nächsten Morgen zwei junge Frauen an, eine Inderin und eine deutsche junge Frau, die ein einjähriges Praktikum hier machten.

Sie waren sehr sympathisch und wir verabredeten uns für abends nach dem Gottesdienst am Mutterhaus. Auch sagten sie: „Sei nicht traurig, vielleicht taucht er ja nicht mehr auf und ist einfach wieder fort." Aber ich war sicher, er würde wiederkommen. Dann kam der Abend und auch meine beiden Streetworker, pünktlich wie verabredet. Am Kiosk angekommen, stellten wir uns etwas abseits, um möglichst nicht aufzufallen. Und plötzlich sah ich ihn in der Dunkelheit vor einer Laterne auftauchen, ja er sah fast, aber nur fast „normal" aus. Zwar hatte er immer noch Lumpen als Hosen, und auch seinen Stock hatte er, da er humpelte, aber irgendwie gewaschen und aufgeräumt sah er aus.

Anna sagte: „Ok, geh hin wie immer, wir bleiben in Deckung." Wie immer ging ich hin, gab ihm etwas Geld, er sah mit keinem Blick hoch, nahm das Geld und ich ging. Anna meinte, da er sehr traumatisiert zu sein scheint, wäre es besser, ein männlicher Kollegen, der vielleicht besser Zugang zu ihm hätte, könnte sie benachrichtigen, ein Kollege, der ihn ansprechen und ihn in eine Auffangstation für Obdachlose mitnehmen würde, wo er kostenlos Essen und Kleidung bekäme; auch würde er dort psychologisch betreut. Anna hat mir fest versprochen, sich um alles zu kümmern und ebenso habe ich auch Schwester Pia berichtet.

Ich war glücklich, wusste ich doch mein Findelkind in guten Händen. Gott sei Dank, Mutter Theresa.

So langsam begann ich mit dem Packen.

Ständig waren mir die dicken Pullover im Weg bei 40 °. Ich ließ sie extra im Koffer, auch wegen des Schutzes vor dem Ungeziefer. In Dharamsala sollte ich aber noch mal sehr froh und glücklich sein über meine warmen Wintersachen.

Ich ging in ein kleines Reisebüro in Kalkutta, um einen Inlandsflug zu buchen. Der nette junge Mann riet mir, von Dehli aus doch eine Nachtfahrt mit der Bahn erster Klasse von

Katmandu nach Dharamsala zu buchen, das wäre für wenig Geld sehr komfortabel mit Schlafwagen und Klimaanlage. Allerdings bin ich zuvor in Indien noch nie Zug gefahren, weder im Schlafwagen noch im Pendelverkehr.

Also, so in etwa wusste ich, innerhalb der nächsten zwei Tage würde ich ihn Dharamsala sein, allerdings, ob wir beim Dalai Lama eine Audienz bekommen würden, bzw. ob unsere Gruppe schon eine Audienz bekam, wusste ich nicht. Aber ich dachte mir, wenn es sein soll, werde ich ihn sehen, wenn nicht, dann eben nicht.

Es waren zwei lange Tage und eine schreckliche Nacht. Auf dem Bahnhof in Dehli tausend und abertausend Menschen, die Zugabteile bzw. Waggons hatten endlos lange Nummern, die man in der Nacht, als der Zug einfuhr, gar nicht sehen konnte, Und dann rannten plötzlich alle den Waggons nach. Aber wie immer hatte ich Glück, indem mir ein indischer Schaffner beim Suchen half, und so kam ich in ein Abteil mit vier Liegen, zwei unten und zwei oben. Drei nette Inder waren meine Reisebegleiter. Ich war inzwischen so fertig, dass ich mich sofort hinlegte, meinen Kopf mit meiner Jacke einpackte, denn die Klimaanlage war ein riesiger Deckenventilator, der blies, dass einem die Haare wegflogen und einem alles einfror. Ein junger Inder fragte mich, wo ich aussteigen musste, ich zeigte ihm mein Ticket; er lächelte und deutete mir an, er würde mich wecken, wenn wir dort wären. Irgendwann um ca. 6 Uhr morgens bedeutete er mir, dass wir da waren, hier also musste ich raus. Total verschlafen hievte ich meine Koffer und Taschen, Jacke und Schals zusammen und hielt Ausschau nach einem Taxi.

Der Taxifahrer wollte handeln. Ein gutes Auto mit Klimaanlage, da fuhr ich jäh zusammen, nein, nicht schon wieder. Ich sagte ihm: „Ne, ne, der alte Schrotthaufen ist in Ordnung."

Name : GABELI BRIGITTE	
Centre : AM Kalighat PM S.B (Tod)	
Arrival : 11.10.2005	
Departure : 19.10.2005	*"The fruit of service is peace"* Mother Teresa
Signature : Sr. Lilzan, M.C	

So kamen wir nach Dharamsala, Ortsteil McLeod Ganj, Amtssitz des Dalai Lama im nordindischen Exil, nahe der tibetischen Grenze. 1.880 m hohe Felswände hinter den Häusern, Abgründe vor den Fenstern. Oben Tibet, unten Indien, das Dalai-Lama-Land in den Bergen. Nach Meinung der Tibeter ist der Dalai Lama längst ein Buddha. Eigentlich wäre er soweit entwickelt, um ins Nirwana einzugehen. Doch aus Mitgefühl mit den empfindenden Wesen hat er sich dagegen entschieden. So ist er ein Bodhisattva geworden: ein Erleuchteter, der wieder menschliche Gestalt annimmt zum Wohl und Glück aller empfindenden Wesen. Er will ihnen helfen als Vorbild für ihre spirituelle Entwicklung.

Eines seiner Gebete lautet:

„Solange Raum und Zeit bestehen, solange fühlende Wesen leben, solange möge auch ich verweilen, um das Elend der Welt zu verringern."

Das Kloster Tschokling, wo unsere Reisegruppe ja schon vor zehn Tagen hinging, lag mitten im Walde, wir fuhren ständig steile Waldhänge hoch, plötzlich kam ein Plateau und der Taxifahrer meinte, er ist sich nicht sicher, aber hier müsste es sein.

Von weitem sah ich, wie sich an der steilen Treppe nach oben am Namgyalkloster zwei Personen unterhielten. Plötzlich rief wer: „Das gibt es doch nicht, das ist doch Brigitte! Mensch, hast du ein Glück, beeile dich, in 10 Minuten dürfen wir zum Dalai Lama in sein Haus, dass du das auf die Minute geschafft hast, ist ein Wunder." (Wen wundert es?)

Jetzt wurde ich aber nervös. Petra sagte: „Komm schnell, dusch dich, ziehe dich um, nimm ganz schnell dein Buch mit, vielleicht bekommst du ein Autogramm, wir warten auf dich." Gesagt, getan. Total fertig lief ich los, Gottfried sagte: „Wir haben keine Zeit, um persönliche Fragen zu stellen. Hans, der dabei ist, macht eine Dokumentation vom Dalai

Lama und filmt auch und da haben wir politische Fragen zusammengestellt."

Ich war gespannt. Erst mussten wir etwas ausfüllen mit Passnummer, dann kamen wir durch eine Securitykontrolle und schließlich in ein großes, angenehmes Besucherzimmer mit großen Fenstern zum Hof hinaus. Jetzt wurde ich auf meinem Platz richtig nervös, zappelte rum und fragte links und rechts, ob jemand ein Bonbon hätte. Aber die stutzten mich zurecht, ich solle doch leise sein, es würde gleich losgehen. Aber es nützte nichts, ich war und blieb nervös. Nun kam der ganze Stress der letzten zwei Tage zum Vorschein, und ich hatte Angst, einen hysterischen Anfall oder einen Hustenanfall zu bekommen. So saß ich total angespannt da und betete im Stillen: „Lieber Gott, hilf mir um alles in der Welt, hilf mir."

Da hörten wir plötzlich durch die offenen großen Fenster im Audienzzimmer sein heiteres und gelöstes Lachen und seine tiefe, gütige Stimme, wie der Dalai Lama auf tibetisch mit jemand sprach. Diese Stimme vermittelte mir plötzlich so viel Ruhe, als sagte mir jemand, alles ist in Ordnung, sei ruhig und gelassen. Ich war so glücklich, dass ich sofort und unmerklich eingeschlafen bin, erschöpft und beruhigt. Nach ca. 20 Minuten wurde es ganz leise und er kam herein, da wachte ich auf. Die netten Mädels in unserem Stuhlkreis, die mich sahen, meinten, ich wäre in tiefer Meditation, wobei sie damit gar nicht Unrecht hatten.

Es wurde diskutiert, Hans filmte, und es war eine heitere, ungezwungene Runde. Am Ende war ein großer Tisch, auf dem von uns allen und auch von einer Gruppe aus München, Bücher zum Signieren und Statuen zum Segnen lagen. Ich hatte ein Buch, das ich oft las, und worin ich auch immer in allen Farben wichtige Stellen unterstrichen hatte. Zwar war es schon älter und man sah, wie gebraucht es war, aber es war vom Dalai Lama und hieß: „Was aber ist Glück?" Der Rest waren natürlich neue Bücher und Bilder von ihm. Irgendwie hatte ich Angst, weil mein Buch schon älter war, dass er es nicht signieren würde. Aber plötzlich sah ich, wie er es in die Hand nahm, und kurz durchblätterte und Gottfried, unseren Reisebegleiter fragte, wie der Titel heiße. Ich hörte, wie Gottfried antwortete: „What is happiness?" Der Dalai Lama signierte mein Buch und ich war glücklich. Am Ende stellten wir uns noch im Kreis mit dem Dalai Lama auf und es wurde ein Foto gemacht. Dann mussten wir einen weißen Schal, den wir bekamen, um unsere zusammengelegten Hände legen. Der Dalai Lama nahm diese und sagte: „Thank you." Die Tibeter lieben ihn als ihr wunscherfüllendes Juwel, und ich auch. Danke!

Es war ein sehr bewegender Moment. Als wir nach dem Kaffee zurückliefen, bewunderten wir unsere Signaturen. Da bemerkte ein junger Mann, dass der Dalai Lama nebst der Signatur auf mein Buch noch mehr schrieb, allerdings auf tibetisch. Wir verglichen alle miteinander, und tatsächlich, bei mir war mehr geschrieben. Kurzerhand gingen wir zu unserem Mönch, der speziell für unsere Gruppe zuständig war. Er sah es bewundernd an und meinte, das wäre eine Widmung für mich, was beim Dalai Lama etwas Besonderes ist, da er sonst nur unterschreibt (signiert). Natürlich hat er es mir auch übersetzt. Danke für den Segen. Ich war glücklich.

Auch war ein großes Fest angesagt, das über drei Tage lang ging in der Hermann-Gmeiner-Schule, die von der Schwester des Dalai Lama geleitet wird. Sie ist eine sehr dynamische Dame, gefürchtet in ihrem Engagement.

Die Tage vergingen wie im Flug. Einmal wurde im Kloster an einem großen Mandala gebaut mit buntem Sand. Tagelang gestalteten es die Mönche für 722 Gottheiten zur symbolischen Heimat aus. Als es fertig war, wurde es sofort zerstört und im Fluss ins Wasser in alle Himmelsrichtungen gestreut, zum Wohle aller empfindenden Wesen, aller Menschen und Tiere.

Auch wir bekamen etwas von dem bunten Sand mit nach Hause mit dem Versprechen, in unserer Heimat mit den besten Wünschen zum Wohle aller empfindenden Wesen, den Sand ins Wasser zu streuen. Das war ein ganz besonderer Moment. Auch durften wir einen persönlichen Herzenswunsch dazugeben.

An einem Tag sind wir um einen besonderen Stupa gegangen, wo tausende von bunten Gebetsfahnen hingen und haben unsere natürlich dazu gehängt. Gebetsfahnen halten die Lehren Buddhas symbolisch in Bewegung. Auch haben Gläubige unterwegs Stupas aufgeschichtet, über Gräbern von Erleuchteten etwa oder auch in ein Barthaar eines hohen Lama. Eine stille Einladung an Passanten: jeder zusätzlich aufgeschichtete Stein trägt zur Verehrung bei und wird am Ende des Lebens zu den guten Taten gerechnet. Eines Morgens bin ich schon um 6 Uhr mit den Mönchen zum Beten gegangen, es ist dort eiskalt, nur Baumwollunterlagen zum Draufsitzen, wie froh war ich über meine warmen Wollsachen, die mir in Kalkutta überall im Weg waren.

Das Essen war für mich ein Traum. Alles was ich liebte, da ich Vegetarierin bin: vegetarisch, Haferflockenbrei, Grießbrei und viel Gemüse. Auch hörte ich von einem Orakel. Allerdings hörte ich auch, man muss sich drei Tage vorher anmelden, denn das Orakel muss in den Bardobereich und sich mit den Verstorbenen in Verbindung setzen. Leider war es mein letzter Tag. Es war ein großes Erlebnis, und nach acht Tagen machten wir uns wieder auf den Rückweg. Was ich noch bewundernd feststellen musste ist, dass die Hunde sehr gut behandelt wurden, selbst im Kloster lebten einige. Unsere Mönche klärten uns auf. Einer sagte, der Buddhist glaubt, dass es sein Bruder aus dem vergangenen Leben ist, der als Mönch gescheitert ist.
Ich kann mich immer nur wieder bedanken,

für all das Gute, das ich erleben durfte. Danke in Demut und Liebe. Danke.

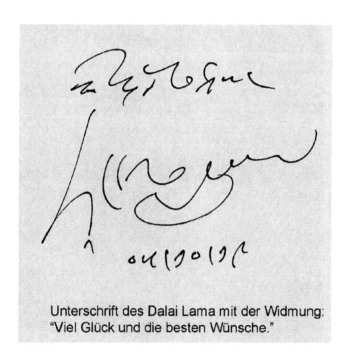

Unterschrift des Dalai Lama mit der Widmung:
"Viel Glück und die besten Wünsche."

Thommy

Jetzt, wo ich so zurückschaue auf die vielen Indienreisen, wird mir wieder bewusst, wie glücklich ich war, wie intensiv ich jeden Augenblick gelebt habe. Alles war wichtig, nur nicht ich, und das war das allerbeste. Es hat mich gelehrt, wie klein man im großen Getriebe des Lebens ist, wie unwichtig, dieses kleine Leben. Mitgefühl, Fürsorge, das Leid der Tiere lindern, da beginnt man plötzlich zu fühlen, was wirklich wichtig ist im Leben.

Tatsächlich waren es immer ganz besondere Erlebnisse und Wunder, an denen ich teilhaben durfte. Wieder war es einmal Zeit zu packen. Dieses Mal waren es 12 Tage, die ich in Indien bleiben konnte, und wie immer wurde ich erst ruhig, als ich im Flieger saß, zuhause alles versorgt wusste, Katzen, Hunde und der Rest. Nun konnte es losgehen.

Am Flughafen fand ich noch ein schönes Buch vom Dalai Lama: „Was aber ist Glück?", so war meine freie Zeit auch beschenkt.

Noch ein besonderes Phänomen erlebte ich in Indien. Jedes Mal, wenn ich mit dem Taxi zum oder vom Ashram zurückfahre, weine ich jedes Mal aus tiefster Seele, einmal vor Freude und dann vor Sehnsucht und

Schmerz auf der Rückreise.

Auch habe ich mir angewöhnt, immer eine Plastiktasche mit Brot und Kuchen bei mir zu tragen, denn irgendeinen hungrigen Vierbeiner oder auch mehrere trifft man immer. Auch verstehen sie schnell, wenn man ihnen nacheinander etwas gibt, dass die anderen warten müssen. Dieses Mal hatte ich Glück, denn bei der Anmeldung traf ich eine junge Frau, die mich fragte, ob ich mit ihr ein Zimmer teilen würde, worauf ich ganz erfreut zustimmte. Im Ashram ist es nämlich so, wenn man alleine kommt, bekommt man mit 4 - 8 Frauen zusammen ein Zimmer bzw. einen Schlafplatz, kommt man zu zweit, bekommt man ein 2-Bett-Zimmer mit Dusche und WC. Dann hat man doch mehr Ruhe, und dafür war ich auch dieses Mal sehr dankbar. Doreen war auch wieder Journalistin und das erste Mal hier. Ich zeigte und erklärte ihr alles und zwischen uns war eine gute Stimmung. Obwohl doch jeder seinen eigenen Rhythmus hat, ob mit dem Aufstehen, Essengehen oder sonstigem. Was auch wichtig ist, denn sonst würde man sich wieder in Unwichtigem verlieren.

Eines Spätnachmittags, es war so zwischen 17 – 18 Uhr, stand ich in einer kleinen Schlange vor der Kantine, was üblich ist, denn innerhalb der nächsten 20 Minuten ist die Schlange 100 m lang und länger bis zum Einlass. Ich hatte mein Buch dabei und kam ins Gespräch mit einer Deutschen namens Ulli und einer englischen Lehrerin namens Mo. Wir verstanden uns auf Anhieb und fanden uns später noch einmal beim Geschirrabtrocknen in der Küche beim Sevadienst. Da fanden wir heraus, dass wir alle mit Tieren in der einen oder anderen Weise zu tun hatten. Mo erzählte mir, wie sie vor vielen Jahren einem Inder den Esel klaute, weil er ihn misshandelte. Ich erzählte von meiner ersten Indienreise und Ulli hatte auch eine interessante Geschichte mit ihren Katzen erlebt.

Einige Tage später stand ich wieder vor der Kantine (mit dem Buch des Dalai Lama). Da lag ein alter Hund, der blutete schrecklich aus einem Ohr. Plötzlich kam ein Seva, schaute nach ihm und ging schnell weg. Ich hörte noch, wie er zu einem anderen sagte, den holen wir nachher hier weg, wenn die Frauen drin sind. Ich erschrak, denn nicht alle Aufseher sind nett zu den Hunden und ich habe schon üble Geschichten gehört.

Ich fragte die Frauen in der Schlange, ob mir wohl jemand helfen könnte, den Hund in die Tierklinik zu bringen. Plötzlich stand Ulli da und sagte „Na klar, das machen wir doch." Da kam auch Mo herbei und fragte, ob irgendwer einen Gürtel hätte, um ihn Tommy wie einen Gurt zum Laufen umzulegen. Ulli rannte los, um nach einer Riksha zu suchen. Aber sie durften nicht in den Ashram fahren. So mussten wir eben den Hund von Mo am Gürtel führen – ich hielt ihm Kuchen vor die Nase – und Ulli schob ihn ab und zu von hinten an, wenn er Angst bekam und wegwollte. Am Tor sagten wir den Sevas, wir brächten den Hund in die nächste Tierklinik und könnten uns eventuell verspäten. Sie lächelten freundlich und ließen uns passieren. Inzwischen wurde es schon dunkel, was in Indien immer ganz schnell geht

Als wir dort beim Tierarzt ankamen, war nur ein junger Helfer da, der Arzt war nicht da, aber er kannte wohl das Problem und wollte ihn ansehen. Wir hievten ihn auf den Behandlungstisch, fütterten ihn mit Kuchen, und er sah ihm ins Ohr. Dann holte er eine Pinzette und holte, ich weiß nicht wie viele, Würmer heraus. Ulloi und Mo schrieen immer wieder: „Oh Gott, das arme Tier." Es müssen wohl an die 20 Würmer gewesen sein, große und kleine.

Als er das Ohr soweit sauber hatte, legte er ihm einen Verband an und gab ihn liebevoll in eine große alte Holzkiste, wo er ausschlafen konnte. Wir bedankten uns und gaben ihm ein paar Rupien, die wir zusammengelegt hatten für unseren Notfall, und verabschiedeten uns von Tommy. Dann fuhren wir wieder zurück. Jetzt erst merkten wir, wie groß unser Hunger war, denn durch die Rettungsaktion vergaßen wir unsere „kleinen" Bedürfnisse. Ulli sagte: „Komm', jetzt haben wir uns ein gutes indisches Essen verdient. Die Kantine ist ja zu, also gehen wir im Ort essen, allerdings müssen wir noch am Tor Bescheid geben."

Sie sahen uns lächelnd an, und obwohl es sonst sehr streng ist, sagten sie nur: „Wir wünschen euch ein gutes Abendessen. Kommt, wenn ihr fertig seid."

Lachend und gut gelaunt gingen wir in die German Bäckerei und saßen dort; es war noch ein wunderschöner Abend. Wir saßen auf der Terrasse bei 29°, ein lauer Abend, ein herrliches Essen. Es war ein magisch-schöner Moment. Ulli hatte eine Wohnung in Puttaparty, und Mo und ich gingen in den Ashram und verabschiedeten uns noch herzlich und lachend.

Am nächsten Morgen, nach unserem Darsham, ging ich mit Ulli zur Tierklinik, um nach unserem Patienten zu sehen. Auch bekamen wir alles zu sehen, sie hatten sogar im anderen Gebäude einen Wanderbären befreit, der jetzt vorübergehend ein kleines Gehege hatte. Und natürlich viele Hunde aus den Slumgebieten, teilweise abgemagert und auch in schlechter gesundheitlicher Verfassung, hier werden sie wieder aufgepäppelt und liebevoll umsorgt.

Tommy ging es gut. Wie wir von der Küche erfuhren, ist er ein Ashramhund und bekommt dort auch öfters Futter, aber sonst zieht er mit anderen Hunden umher. Am Tag darauf wartete er schon auf mich in seiner Holzkiste (siehe Bild), ich brachte ihm etwas Kuchen, und natürlich hatte ich ihn längst in mein Herz geschlossen. Aber als ich dieses Mal ging, fing er ganz laut an zu jaulen. Erstaunt ging ich zurück, ich war mir nicht ganz sicher, jaulte er, weil ich ging?

Die anderen sahen auch ganz erstaunt hin, und als er mich wieder sah, freute er sich und konnte sich vor Freude gar nicht beruhigen.

Dieses Schauspiel steigerte sich noch in den nächsten Tagen so, dass ich ihn vorne auf der Straße, wenn ich mit der Riksha zum

Ashram fuhr, noch jaulen hörte.

Die nächsten Tage besuchte ich Ulli noch, denn sie hat in Puttaparthy eine wunderschöne Penthousewohnung, und wir versprachen uns, uns wieder zu treffen, was auch so war. Als ich am Sonntag zum Flughafen fuhr, war mein Herz so schwer, als wenn Steine drinnen wären, und die Tränen rannen, wie immer, wenn ich dieses Land verlasse, bleibt es doch im Traum immer bei mir.

Danke.

Der goldene Krishna

Ein neues Jahr beginnt und irgendwie habe ich ein unruhiges Gefühl, so als ob ein Flugzeug am Himmel fliegt, und als ich mit meinen drei Hunden Max, Timmy und Banjee auf der Rasenfläche im Park spazieren gehe, habe ich plötzlich einen eigenartigen Geruch in der Nase, es riecht nach Jasminblüten und Rosen und Lilien, nach süßem Obst, es ist ganz eigenartig und plötzlich sehe ich in Gedanken einen indischen Obststand.

Mein letzter Darsham ist schon sieben Monate her, die Zeichen stehen auf Aufbruch. Im Laufe der nächsten Tage ertappe ich mich, wie ich ständig an Indien denke. Freunde und Nachbarn, vor allem aber Kunden fragen mich, na, so lange schon zuhause? Exakt zwei Tage später sehe ich mich im Reisebüro ganz unverbindlich um, um mich nach einem Flug zu erkundigen, und wundere mich, dass man mich mit „Hallo, Frau Gabeli, geht es nach Indien?" begrüßt, dass alle sofort wissen, was für einen Flug ich brauche. Eine Woche später sitze ich im Flieger, überglücklich, kann es kaum erwarten, werde ich Tommy sehen, was werde ich erleben? Es bedeutet einmal Himmel und zurück, und wenn der Flieger dann abhebt und es nach oben in den Himmel geht, bin ich happy. Als ich in Bangalore am Flughafen ankomme, erfahre ich, Swami ist in Whitefield, das bedeutet eine zweistündige Taxifahrt, d.h. ich komme bald an. Jetzt ist es 4 Uhr morgens, langsam kommt Leben in die Straßen, langsam kommt alles in Bewegung. Noch sieht man nur Umrisse, auf dem Gehweg schläft noch alles, hie und da läuft emsig ein Hund auf der Suche nach Futter, Indien erwacht.

Es ist 6 Uhr, als ich in Whitefield eintreffe. Die Frauen haben sich schon am Tor versammelt, um sich anzustellen und im Tempel nach einem Platz zu suchen. Bettler, Kinder und Frauen stehen am Tor und wollen Blumengirlanden und Blumen verkaufen. Und wieder dieser wunderbare Geruch von Blumen, die laue, warme Luft, und irgendein Kind spielt auf einem Holzmusikinstrument das Arati. Da möchte ich den Boden küssen, dieses Indien liebe ich über alles.

Rasch gebe ich alles Gepäck ab und stelle mich in der Reihe an. Swami wird auch mir nach der langen Reise den Segen geben. Am Mittag bekomme ich einen Schlafplatz zugeteilt bei sieben sehr unterschiedlichen Damen aller Nationalitäten. Und dann schlafe ich erst mal aus, denn trotz allem bin ich fix und fertig, aber glücklich.
Dieses Mal sollte jedoch alles anders kom-

men. Bisher waren alle Indienreisen so verlaufen, dass ich gesund hinflog und auch gesund wieder zurückkam. Aber nach zwei Tagen, es war komisch, plötzlich ging es mir so schlecht, dass ich dachte, ich schaffe es nicht mehr auf mein Zimmer, und es ist wirklich so schlimm geworden mit Durchfall, Erbrechen und Fieberträumen, dass ich zwei Tage und Nächte nur lag, etwas Wasser mit Vibutti trank und hoffte, ich würde überleben. Ausgerechnet dieses Mal hatte ich mein Moskitonetz vergessen und musste nachts mit Moskitos und Kakerlaken kämpfen, von Fieber geschüttelt. Dann habe ich mir ein Handtuch um den Kopf gewickelt und bin eingeschlafen. Dann, am dritten Tag, es war, als wäre nie etwas gewesen, ging es mir plötzlich wieder gut. Eine junge Frau aus unserem Zimmer meinte, ich sähe gut aus, wie verjüngt und wie frisch erneuert.

Sie erzählten, sie hätten gehört, dass heute Nachmittag für Deutsche ein Satsang gehalten würde mit Swamis ältestem Seva, der ihm sehr nahe steht. Überglücklich, zu neuem Glanze erstrahlt, geduscht und gekämmt, machte ich mich auf den Weg zum Tempel. Es fanden sich ca. 30 Personen ein, alle sehr erfreut und neugierig auf das Kommende. Da kam dann der ältere Herr, der anscheinend der engste und älteste Devotee von Swami

war, und es wurde auch eine große Diskussion über Satsang (Kommunikation mit dem Sein) gehalten, die ein junger Mann dann auf deutsch übersetzte. Nach ca. einer Stunde, als wir fertig waren, fragte Baba (der Devotee hieß so), wer von uns Anwesenden das allererste Mal da war, das allererste Mal in Whitefield. Wir waren zu dritt und hoben die Hand. Da bekamen n u r wir drei ein ganz besonderes, kleines Bild von Swami, auf dem er mit Shiva abgebildet ist, die er vor allem seinen Devotees auf einem Ausflug aus dem Nichts vor ihren Augen materialisiert hat.
Ich freute mich, bedankte mich und ging wieder in mein Zimmer zurück, wo die anderen warteten und wissen wollten, wie es war.
Plötzlich sagte Sharon (eine nette amerikanische Ärztin), die schon viele Jahre hierher kommt: „Das ist ja toll, Brigitte, weißt du, was das bedeutet, dieses Foto haben nur wenige Devotees, und du wirst es auch nirgends kaufen können. Es bedeutet geistigen und materiellen Reichtum, die goldene Shiva! Behalte dir das Foto in Ehren."

Plötzlich ging das Gerücht um, Swami führe morgen nach Puttaparthy, und es ist jedes Mal so, dass eine wahre Hysterie ausbricht. Jeder wollte noch rechtzeitig ein Taxi ergattern, und so schloss ich mich den anderen aus unserem Zimmer an, falls es stimmen sollte. Wir hatten uns ein Taxi vorbestellt, und es war dann auch so.

Am nächsten Morgen volle Aufregung, alle auf den Beinen unterwegs. Super, dann werde ich ja mein Hündchen Tommy wieder sehen. Als wir schließlich von Whitefield nach Puttaparty kamen, zogen wir schnell in ein Zimmer, damit der normale Tagesablauf wieder in Fluss kam.
Aber ich konnte es nicht erwarten. Sobald alles wieder verstaut war, ging ich los in die Tierklinik, um zu fragen, was mit Tommy los war und zu sehen, wo er war.
Der junge Inder erzählte mir, dass Tommy nach drei Wochen wieder in Ordnung war, und sie ihn wieder am Ashram laufen ließen. Er ist hier aufgewachsen und kennt alles wie seine Westentasche. Ich solle doch mal in der Küche nachfragen, man wüsste bestimmt, wie es ihm geht. Während des Abendessens erfuhr ich von der Küche, dass Tommy wieder ok ist, er würde schon auftauchen, spätestens bevor die Küche schloss. Und wirklich, nach dem Sevadienst, den ich gerne mache (Geschirrabtrocknen, Boden kehren und wischen) lag er plötzlich am Hinterausgang. Als ich ihn ansprach, fing er an zu wedeln, lief um mich herum und war überglücklich, genau so wie ich. Nach unserer 30-minütigen Begrüßung wollte ich mich auf den

Weg in mein Zimmer machen. Aber Tommy rannte mit, ich redete auf ihn ein, aber es nützte nichts, er bellte und rannte vor mir her, als wollte er allen sagen: „Seht, hier ist sie wieder." Schließlich gab ich ihm noch ein Stück Kuchen von meinem Lunchpaket und versprach ihm, dass wir uns am nächsten Tag wiedersehen würden, spätestens bei der Küche. Tommy hatte verstanden und kehrte um, allerdings noch mit vorheriger Kontrolle, ob es wirklich das letzte Stück Kuchen war.

Sai Babas verwunschener Garten

Wie so oft, wann immer ich im Ashram in Puttaparthy bin, führt mein Weg in den wunderschön angelegten Garten, mit uralten, riesengroßen Bäumen, einer Ganeshastatue, wo man herumlaufen kann, um seinen Wunsch zu äußern, damit man ihn erfüllt bekommt. Dann, auf einer kleinen Anhöhe, wunderbar angelegt, steht eine große Jesusstatue, etwas links ein kleines Plateau mit versetzten Steinbänken, wo man so gut schläft wie im Himmel.

Wenn man von Osten kommt, sitzt etwas versteckt ein wunderbarer großer, alter Buddha, er hat die Augen zu, aber man sagt, wenn man ihn sehr interessiert ansieht, bzw. meditiert, öffnet er manchmal seine Augen. Einmal, aber wirklich nur einmal, sah ich es, sonst bekam ich alle Fragen von Buddha beantwortet.

Zwischen meinen Geschichten steht natürlich auch das Wesentliche an, morgens 4 Uhr aufstehen, in den Tempel gehen, 8 Uhr Darsham und um 9 Uhr Frühstück. Am nächsten Morgen wollte ich etwas shoppen gehen, mal sehen, was es für neue Bücher und Fotos gibt und etwas Vibutti holen. Nach dem Mittagessen etwas Meditation, und dann begab ich mich mit einem Capuccino auf meine wunderbare Steinbank, um ein paar Minuten zu schlafen. Da bemerkte ich ein Geraschel abwärts der Anlage zwischen den großen Bananenblättern, und man glaubt es kaum, wer da rauskam und sich genüsslich nach seinem Schlaf zu strecken begann: „Tommy." Wir freuten uns beide. Wer von uns wusste wohl zuerst, dass der andere kam? Schon kamen auch seine Freunde raus, ein Schwarzer und ein Weißer mit schwarzen Flecken. So zogen sie dann von dannen, nachdem sie mein Lunchpaket mit Kuchen verspeist hatten. Ach ihr Tiere, wie sehr liebe ich euch.

Unverhoffte Geschenke von Swami!

Es begab sich bei meinem letzten Aufenthalt in Indien bei Sai Baba.

Es war Donnerstag, mein Rückflugtag, das hieß um 1.00 Uhr nachts kam mein Taxi, und um 4.00 Uhr bin ich in Bangalore am Flughafen. Es war reger Betrieb, und ich stellte mich am Schalter an, um einzuchecken. Hinter mir stand eine junge Frau, sie lachte und fragte: „Oh, Sie kommen auch vom Ashram? Da hätten wir ja zusammen fahren können." Na ja, was soll's, so hatten wir jetzt zwei Stunden Unterhaltung bis es endlich losging. Sie erzählte mir, dass ihre Tante in Puttaparthy wohnte, selbst aus Sri Lanka komme und wegen Swami extra ein Haus in Puttaparthy gebaut hätte, um ihm nahe zu sein. Swami liebt die Tante sehr und hat ihr schon viele Schmuckstücke, Vibutti und anderes materialisiert. Die junge Frau sagte auch, sie wisse nicht, was ihr die Zukunft bringt und bat Swami, ihr zu helfen. Im Übrigen hätten sie wunderschöne Fotos bekommen und zwar von Studenten, die Swami fotografieren durften. Was normalerweise selten ist. Ich bat sie, ob sie mir eine Auswahl zeigen würde. „Aber natürlich, sehr gerne." Da wir noch lange Zeit hatten, suchte sie die Bilder in allen Taschen, um sie endlich gut verstaut im Koffer außen zu finden und mir stolz zu zeigen. Schließlich fand sie eines mit Swami und eines, wie er die Handflächen nach vorne zeigt, um zu segnen. Ich war begeistert und schließlich packte sie die Fotos wieder weg. So saßen wir noch sehr, sehr lange, holten uns zwischendurch einen Kaffee und erzählten uns gegenseitig unsere Erlebnisse mit Swami. Plötzlich bat ich sie, mir noch einmal das Foto zu zeigen, wo Swami die Handflächen zum Segnen hebt. Ich verspürte den Wunsch, es mir kurz auf die Stirn zu drücken. Als sie es nach einiger Zeit wieder fand, gab sie es mir und sagte: „Ich schenke es dir, ich habe das Gefühl, ich soll es tun." Ganz erstaunt fragte ich sie, ob ihr das ernst ist, denn wann bekommt sie noch einmal so ein Fotooriginal von Swami? Aber sie sagte, das ist ok. Später telefonierte sie noch sehr lange, und als ich sie noch einmal fragte, ob sie es nicht zurückhaben möchte, meinte sie, auch ihre Tante sagte, wenn so ein starker Impuls kommt, ist es Swamis Wille. Tausend, tausend Dank.

Swamis Geburtstag mit Sai Gita

So oft ich auch in Indien war, selten reichte die Zeit, um Sai Gita, Swamis Elefanten zu besuchen. Das heißt, abends um 17.00 Uhr kann man ihn, wenn man Glück hat, am Tor von seinem Gehege sehen und streicheln und berühren, was großes Glück bedeutet. Dann bleiben Autos, Rikshas und Passanten stehen und wollen Sai Gita berühren.

Dieses Mal sollte es allerdings sehr turbulent werden. Schon bei der Anmeldung kamen zwei Engländerinnen auf mich zu und meinten, sie hätten ein Zwei-Zimmer-Appartement, momentan sei alles voll, und wenn ich wollte, könnte ich zu ihnen kommen. Sonst müssten sie in ein Fünf-Zimmer-Appartement gehen. Das war mir recht, und so zog ich kurzerhand bei ihnen ein. Eigentlich waren sie recht nett.

So ging ich morgens nach der Darsha zum Einkaufen und holte noch zehn Bananen, ich weiß auch nicht warum. Ich dachte mir, ich fahre mit der Riksha, erst sehen, ob Sai Gita da ist, wenn nicht, fahre ich zum Tierheim, die Kinder und Hunde freuen sich, am Schluss kriege ich immer alles los. So stieg ich in eine Riksha und sagte zu dem Fahrer, er solle als erstes bei Sai Gita vorbeischauen, vielleicht sehen wir sie, dann bekommt sie die Bananen. Der junge Mann lächelte und meinte auf englisch, sein bester Freund sei der Sohn von Sai Gitas Betreuer, und wenn er da wäre, können wir sogar ins Gehege rein und ich könnte Sai Gita höchstpersönlich füttern. Das wäre zu schön, um wahr zu sein, dachte ich mir und genoss die Rikshafahrt und die wunderbare Morgenluft.

Und wirklich, so war es, die jungen Männer lachten, er schloss das Tor auf und zeigte mir an, dass ich hereinkommen solle. Ich war überglücklich, da stand Sai Gita riesengroß und nicht angekettet. Der junge Mann zeigte mir, Sai Gita sei nicht gefährlich, und ich könnte ihr alle Bananen geben. Ich verneigte mich vor ihr. So nahm sie eine Banane nach der anderen aus meiner Hand, was für ein Glück. Man sagt, wenn man Sai Gita berührt, hat man großes Glück. Plötzlich hörte ich ein Stimmengewirr und der Vater (Wärter) kam unverhofft, ich verstand nur sinngemäß die Frage, warum er Freunde reinlässt, es war nicht erlaubt. Schnell ging ich zu meinem Fahrer, und der junge Mann beruhigte seinen Vater.

Als wir weiterfuhren, war ich überglücklich, und ich dachte, schade, früher war Sai Gita immer bei Swamis Geburtstagen dabei.

Allerdings habe ich es nie persönlich erlebt, es war auch nicht an jedem Geburtstag, sondern nur selten. Aber es hieß, sie wäre schon zu alt, um dem Festakt mit den vielen tausend Menschen beizuwohnen. Auf der Rückfahrt merkte ich, dass ich einen großen Geldschein hatte, den der Rikshafahrer nicht wechseln konnte. So bat ich ihn, doch kurz an so einem Shop zu halten, ich würde wechseln gehen. Gesagt, getan. Ich sah mich um und überlegte, was ich auf die Schnelle kaufen sollte, ein Bild vielleicht, aber welches, ich hatte doch schon so viele. So nahm ich „irgend eines", aber auch das sollte ein kleines Wunder sein, wie sich zu Swamis Geburtstag herausstellte.

Im Zimmer angekommen, erzählte ich den beiden Damen von meinem besonderen Erlebnis mit Sai Gita und den zehn Bananen. Da mein englisch nicht so toll war, verstand ich nicht immer alles, aber mit Händen und Füßen erzählen ging schon.

Plötzlich wurden sie ganz hämisch, erzählten von Sai Gita und ich merkte, wie sie mich veralberten, weil ich sagte, es wäre schön, wenn Sai Gita in den Tempel käme, ich hätte das noch nie gesehen. Ich wandte mich dann ab und dachte mir, was soll's, mein Tag war ein Traum, aber es sollte noch schöner und gigantischer werden, als wir jemals dachten. So hatte ich noch das Foto vom Wechseln für den Festtag. Am nächsten morgen stand ich um 4 Uhr auf, duschte und ging wie jeden Morgen in den Tempel. So saß ich in der Menge zufällig in der Nähe des Seitentores, wo ich normalerweise nicht war. Aber manchmal wird man mit den Massen geschoben und kann nicht anders. Plötzlich ein Getuschel und Staunen und Oh-Rufen, ich wusste gar nicht, was los war und alle schauten erstaunt auf das Südtor, denn da kam geschmückt und in Begleitung von Studenten riesengroß Sai Gita herauf. Sie war wunderschön geschmückt mit Goldgirlanden und vielen Blumen. Die Massen versuchten, sie zu berühren, da es großes Glück bringt. Ich konnte es kaum fassen. Gestern sagte ich noch, ich würde sie so gerne im Tempel erleben und siehe da, mein Wunsch wurde erfüllt. Und wieder war ich so glücklich und dankbar.

Jetzt wurde alles ruhig, denn da kam Sai Baba herein, und als er bei Sai Gita vorbeifuhr, fing sie an zu trompeten, ganz aufrecht und immer mit dem Rüssel nach rechts und links wiegend, und war außer sich vor Freude. Selten habe ich ein Tier in dieser Größe gesehen, welches sich so freuen kann, dass man es sieht und spürt. Swami gab ihr Obst und fuhr weiter. Danach war sie wieder ganz ruhig, die ganzen zwei Stunden, bis der Darsham vorbei war. Nun kam Baba wieder bei ihr vorbei und sie trompetete abermals, es war unfassbar, wie man diesem Tier die Freude und die Liebe zu Sai Baba ansah und spürte. Als Baba wieder fort war, liefen alle Sai Gita durchs Dorf nach, die Studenten trugen eine Statue von Ganesha und eine Kapelle spielte dazu, es war wirklich alles auf den Beinen, und irgendwie hatte ich das Gefühl, Sai Gita spürte es und war überglücklich.

Am nächsten Tag war Swamis 82. Geburtstag. Wir sind schon um 3 Uhr los, aber es war zu spät für einen guten Platz. Nach stundenlangem Laufen, Schlangestehen, Stopp and Go, hatte man erst um ca. 11 Uhr die Gelegenheit, im Tempel zu sitzen. Am Geburtstag werden immer Geschenke von Swami verteilt, aber nur einige hundert bekommen sie. Dann wird es zuerst Swami gebracht, er segnet es, dann erst wird es verteilt. Gespannt sah ich, dass es Poster mit seinem Bild waren. Als es schließlich verteilt war, bat ich beim Hinausgehen eine Dame, mir doch das Bild zu zeigen, denn es war zusammengerollt. Ich war wie gelähmt. Das Bild von ihm, das er segnete und nur wenigen verteilt wurde, hatte ich gestern im Kleinformat gekauft, als ich das Wechselgeld brauchte, es hing bereits über meinem Schlafsackplatz. Danke,

Swami, danke.

Es war einen Tag bevor ich die Heimreise antrat, ich kam gerade vom Mittagessen und wollte mich noch etwas ausruhen. Da sah ich einige Meter von mir eine Frau im Rollstuhl sich abplagen. Ich ging schneller und fragte sie, ob ich helfen könne, im gleichen Moment griff auch eine Inderin nach dem Rollstuhl. So brachten wir zuerst die Rollstuhlfahrerin vom Speisesaal zum Gebäude A, Zimmer Nr. 10. Es war ein junges Mädchen, ca. 20 Jahre, sie fragte auf englisch, welche Nationalität wir waren. Die Inderin kam aus Sir Lanka, ich antwortete, aus Deutschland. Da war sie entzückt und bat uns noch mitzukommen, sie hätte eine Karte geschenkt bekommen, und da diese auf deutsch geschrieben wäre, solle ich es ihr doch übersetzen, es hätte wohl eine Bedeutung für sie, aber sie wisse nicht, was es hieß. Ihre Mutter öffnete, und nach einem kurzen Gespräch holte sie die Karte, es war eine Engelkarte. Darauf stand und ich übersetzte ihr: Eine Botschaft kommt vom Himmel. Sie sagt: „Vergib allen Menschen und sei glücklich."

Sie fiel mir in die Arme und weinte. Als wir gingen, zeigte mir die Inderin, dass sich ihr auf ihrem Arm die Haare aufgestellt haben, so nahe sei es ihr gegangen. Auch ich war beim Übersetzen wie in Trance. Liebevoll verabschiedeten wir uns für immer, aber die Botschaft ist in Gedanken bestimmt ewig bei uns allen dreien.

Mystische Palmblattbibliothek

Die geheimnisumwobenen Palmblattbibliotheken sind über den gesamten Subkontinent verstreut, eine davon ist in Bangalore. Die Urschriften der dort aufbewahrten Palmblätter wurden von den großen Heiligen Indiens, den Rishis, verfasst, ihnen wurde außerordentliche spirituelle Macht nachgesagt. Sie konnten aus der Akasha-Chronik die Lebensläufe von mehreren Millionen Menschen lesen und schriftlich auf getrockneten Blättern der Stechpalme fixieren. Das gesamte Leben dieser Menschen, von der Geburt bis zum exakten Todestag, wurde dort eingeritzt. Ebenso die letzten vier bis fünf Inkarnationen, da wir davon die Begabungen mitbekommen haben bis zur Zukunft. Dies ist in alt-tamil verfasst, einer Sprache, die nur noch wenige Eingeweihte beherrschen. Ein Palmblatt überlebt etwa 800 Jahre, dann wird es in ein neues Blatt geritzt. Das Lesen eines Palmblattes nennt man Nadi Reading.

Es war ein wunderschöner Morgen. Der Ashram lag noch im Dunkeln, aber so langsam wurde es hell. Alles roch nach frischem Gras, die Vögel zwitscherten und alles ist in stiller Bewegung Richtung Tempel. Den Sitzteppich unter'n Arm geklemmt und noch etwas schläfrig war ich. Man sagte mir, nicht alle Menschen bekommen einen Termin beim Palmblattleser, und da ich beim ersten Indienbesuch mit meinen Mädels keinen Erfolg hatte, da Esters Fax, welches sie mit vier Anmeldungen abgeschickt hatte, nie angekommen war, dachte ich eben, es soll nicht sein.

Ich glaube, es war das dritte Mal, als ich zu Swami flog, als mir am Frankfurter Flughafen beim Einchecken eine recht sportliche große Dame auf die Schulter tippte und fragte: „Auch Puttaparthy?" Ich freute mich über diese zufällige Flugbegleitung, denn es ist ja doch eine längere Reise, und damals war noch Umsteigen in Bombay angesagt in so eine kleine India Airline.

Doch dieses Mal sollte es sehr spannend werden. Frau Sper war Malerin und schon oft zu Sai Baba geflogen, so kam es auch, dass wir in Bombay zusammen umstiegen in eine kleine indische Maschine. Als sie sich plötzlich in Bewegung setzte, überkam mich blankes Entsetzen. Irgendwie hatte ich ein untrügliches Gefühl, dass die Maschine defekt war. Plötzlich standen mir Schweißperlen auf der Stirn und Hanne fragte, was mit mir los sei. Ich sagte nur „Hörst du nicht, die Maschine ist kaputt?!"
„Ach komm, du brauchst doch keine Angst zu haben", meinte sie lachend, sie sei schon

so oft geflogen und für sie hörte es sich sehr gut an. So begann sie, mir meine Schulter zu massieren und meinte wohlwollend, die Angst würde schon nachlassen. Als plötzlich der Kapitän auf englisch durch das Mikrofon sprach: „Bitte behalten Sie die Ruhe, die Maschine ist defekt und wir müssen zurückfliegen und landen, bitte bleiben Sie ruhig auf Ihren Plätzen sitzen."
Da sah ich Hanne an, sie erblasste nur und sagte „Mensch, du hattest Recht." Kurze Zeit später landeten wir wieder in Bombay und wechselten in eine neue Maschine. P.S.: von da an buchte ich nur noch Direktflüge bis Bangalore. Gut, Hanne und ich trafen uns öfters im Ashram und gingen ab und zu abends bei Freunden von ihr, die ein Restaurant haben, zum Essen. Eines Tages erzählte sie mir, dass sie einen Termin in der Palmblattbibliothek in Bangalore habe, und ob sie für mich nicht auch einen Termin vereinbaren sollte? Aber gerne, wenn das klappt, ich wäre dabei. Früher war es alles sehr wichtig für mich, aber inzwischen war es nicht mehr so eilig, und irgendwie hatte ich im Ashram immer die Ruhe weg. Es ist für mich immer wie in einer anderen Welt, die ich über alles liebe und wo ich glücklich bin. Aber am nächsten Tag kam sie und sagte: „Gar nicht so einfach, ist nichts frei, höchstens wenn jemand abspringt." „Na siehst du, es soll eben nicht

sein." Aber Hanne ließ nicht locker. So kam sie einen Tag später freudig angerannt und teilte mir mit, ein junger Engländer wäre abgesprungen, sie hätte zufällig mitgehört, wie er sich telefonisch entschuldigte. Sie bat ihn, ihr doch den Termin für eine Freundin zu geben, so kam ich dann doch noch in die Palmblattbibliothek bzw. zu einem Termin. Allerdings meinte Hanne: „Du solltest jemand suchen, der gut englisch spricht zwecks der Übersetzung." So lernte ich Heide kennen, einen sehr lieben Menschen, mit dem ich bis heute in Kontakt stehe, egal ob wir ein Seminar besuchen oder einem Tiertransport folgen von einer Tierschutzorganisation in Deutschland. Ab und zu führen unsere Wege zusammen.

Es begab sich folgendermaßen: Am Mittagsbuffet im Ashram stehen wir immer Schlange wie so oft, als ich mit einer Deutschen ins Gespräch kam. Sie ist aus Heidelberg und auf der Durchreise auf dem Weg nach Kerala. Sie hat sich kurzerhand Urlaub genommen und ist allein durch Indien mit dem Rucksack unterwegs. Und das bei einer so zierlichen Frau, aber sie spricht fließend englisch und kann sich sehr resolut durchsetzen. Und am Donnerstag hätte sie einen Termin beim Palmblattleser in Bangalore. „Was? Ich auch, dann könnten wir ja zusammen hin und wieder zurückfahren." Super, und Heidi sprach perfekt englisch. Manche Begebenheiten sollen einfach so sein.

So kam unser Donnerstag, und wir waren voller Erwartung, was uns der Palmblattleser wohl erzählen würde. Würde es tatsächlich auf meine Vermutung hinauslaufen, wo und als was ich in den letzten Leben gelebt habe. Aber eines wollte ich auf keinen Fall, nämlich meinen Todestag wissen. So bat ich Heidi, ihm doch zu sagen, was ich auf keinen Fall wissen wollte. Aber das Leben hat seine eigenen Gesetze. So saßen wir ziemlich nervös im Taxi, als wir in einer Seitenstraße in Bangalore hielten. Wir gingen in einen Hinterhof, wo wir an der Haustüre freundlich empfangen wurden, und warteten mit zwei anderen Personen bis wir schließlich an der Reihe waren. Endlich war es soweit und Heidi meinte: „Gehe ruhig du zuerst." Und so kam es auch, dass der freundliche Mr. Murthy mir als erstes in gutem englisch meinen Todestag, Monat und Jahr, bis auf die Stunde genau aufschrieb und mir strahlend zeigte. Ich schluckte und strahlte zurück und dachte: „Na ja, etwas Zeit habe ich ja noch." Auch Heidi fing an zu lachen. Es hat mich sehr beeindruckt, alle meine Begabungen und Leben habe ich gespürt und geahnt, denn alles ist Bestimmung.

Jedenfalls enthielt mein Palmblatt genaue Informationen über die Vergangenheit, teilweise auch aus früheren Inkarnationen bis hin zur Zukunft. Mein Sachidanada (Palmblattleser) übersetzte den Text mündlich ins englische. Aber ich hatte ja Heidi dabei, die alles aufschrieb und übersetzte, was ich nicht verstand.

Auch wurden mindestens vier frühere Leben besprochen, aus denen bestimmte Erfahrungen, Ereignisse und Begabungen in die jetzige Inkarnation hineinwirken. Dieser Abschnitt dient vor allem dazu, noch unbewusst brachliegende Fähigkeiten, die bereits in früheren Leben erworben wurden, nutzbar zu machen. Zum Schluss bekam ich noch ein ganz besonderes Mantra.

Die Vorstellung, dass in Indien ein Manuskript existiert, in dem mein gesamter Lebenslauf dokumentiert ist, einschließlich meines Todesdatums und meinen vier vorherigen Leben bzw. Inkarnationen, ist sagenhaft. Es heißt, dass die Texte tatsächlich von den heiligen Rishis vor fünftausend Jahren geschrieben wurden und einige sehr persönliche Informationen enthalten. Man sagt, bevor die Rishis diese Welt verließen, hinterließen sie uns und allen zukünftigen Generationen die

Aufzeichnungen auf den Palmblättern, um jene Menschen, die nach der Wahrheit und dem rechten Weg suchen, zu begleiten und ihnen zu einem glücklicheren und erfüllteren Leben verhelfen zu können.

Danke, das habt ihr getan. Mir war bzw. ist es bis heute ein Wegweiser, wo ich die Stationen bestätigen und mich auf die nächsten freuen kann.

Buddha hat Geburtstag

Wieder einmal machte ich mich auf den Weg nach Indien zu Swami, und es ist jedes Mal wie aus Tausend und einer Nacht. Und immer bin ich überglücklich vor Wiedersehensfreude, es ist einfach unbeschreiblich.

Dieses Mal ist es vier Tage vor meinem 50. Geburtstag, es war eigentlich mein Geburtstagswunsch. Da Svenja, Udo und Marie verreist waren, standen die Zeichen gut. Eigentlich sind meine Geburtstage unwichtig, ja, sie sind mir egal, aber dieses Mal wollte ich bei Swami sein.

Kurz zuvor erkundigte ich mich über das Internet, wo Swami sich aufhielt und erfuhr, er war in Whitefield. Morgens um 5 Uhr kam ich an und ging sofort zum Darsham, gab meinen Koffer ab, denn alles andere hatte Zeit. Als ich zum Mittagessen ging, fiel mir auf, dass überall der ganze Ashram geschmückt wurde mit Fahnen, auf denen „Buddha" stand in Wort und Bild. So erkundigte ich mich, was denn für ein großes Fest anstünde. Du weißt nicht, wer am 12. Mai Geburtstag hat? Doch, na klar, ich und wer sonst noch? „Buddha"!!!

Das war ja ein Glück, ausgerechnet Buddha,

den ich so verehre, hat am gleichen Tag Geburtstag wie ich, was für ein Segen.

Ich hatte einen Platz in Zimmer 28, zusammen mit drei Russinnen. Sie waren sehr nett, vor allem Tanja. Sie sprach etwas deutsch und erzählte mir, dass sie in Russland Lehrerin sei und schon sehr lange für diese Indienreise gespart hatte. Auch erzählte sie mir, dass sie erst wenige Tage hier seien, da sie zuvor in Kodaikandal waren. Dort in den Bergen, wo Swami nur wenige Wochen im Jahr ist, sind sehr wenige Besucher, da dort kein Ashram ist und die Devotees sich private Unterkünfte suchen müssen. Dort ist Swami seinen Devotees sehr nahe.

So kam Swami und materialisierte für Olga eine Geldkette, Olga berührte er am Kopf bzw. segnete sie, und für Tanja materialisierte er ein Vibutti. Es waren glückliche Tage. An Buddhas Geburtstag wurde ein großes Fest veranstaltet, zu dem Buddhisten aus ganz Indien kamen und wozu eine zweitägige Zeremonie veranstaltet wurde. Es wurden besondere Reliquien von hohen Lamas mitgebracht, und wir wurden gesegnet und durften Rosenwasser über die spezielle Buddhastatue gießen.

Alle meine Reisen haben mein Leben bereichert, es waren aber immer die kleinen Dinge, die mich glücklich gemacht haben, wenn die Kinder in Indien Tiere gefüttert haben, Mütter zu ihren Kindern lieb waren, wenn ich einfach Mitgefühl erlebt habe. Inder, die Hunde gefüttert haben, wenn auch abends im Dunkeln. Das ist, was den Menschen wirklich glücklich macht. In Kalkutta die Schwestern, die sich liebevoll den Kranken und den Sterbenden widmen und diese Liebe auch leben.

Mein größter Wunsch ist, dass meine lieben Enkelinnen Marie und Paula später einmal wissen, was ein Bodhisattva ist, wer Mutter Theresa war, was ein Avatar ist, wer war Buddha, dass sie Tiere lieben, Mitgefühl empfinden und entwickeln, und dass sie wissen, von mir werden sie alle drei immer und ewig geliebt, einschließlich meiner lieben Tochter Svenja, die ein wunderbarer Mensch und eine liebevolle Mutter ist.

Max, mein über alles geliebter Max

Es war zu einer Zeit, als wir in einer kleinen 2-Zimmer-Wohnung lebten, meine Tochter Svenja und ich. Ich hatte mich gerade neu orientiert und war aus meiner 10-jährigen Partnerschaft ausgebrochen, und ich hatte mit meiner Tochter unsere erste „eigene" Wohnung. Svenja war ungefähr 11 Jahre alt. Als sie eines Tages von der Schule nach Hause kam und mir ganz erschüttert berichtete, dass eine Freundin von ihr, die mit ihrer Familie in einer kleinen Wohnung wohnte und die eine Hündin hatte, große Probleme hätten. Die Hündin bekäme Junge, und obwohl sie schon in der Zeitung inseriert hätten, wollte keiner die jungen Hunde haben. Allerdings kämen sie erst in ca. 8 Wochen, und ihr Vater sagte (normalerweise ein netter Italiener), er wolle sie ertränken, da er nicht wüsste, wohin damit. Ich sagte: „Weißt du was, Svenja, wir werden für ein gutes Zuhause für die etwa drei Hundchen oder nach einem Heim schauen und sie dort in gute Hände vermitteln." Svenja war glücklich und machte sich gleich auf zur Freundin, um es ihr zu sagen. Die Tage vergingen wie im Flug. Eines Tages war es dann soweit, und Svenja sagte: „Komm, lass uns die Kleinen holen, es ist soweit." Zuvor hatte ein guter Freund zwei der Hunde in einer guten Familie untergebracht, wo es auch größere Kinder und einen Garten gab. Bis auf einen Hund, den wollte keiner haben. „Unsere Maxi", wir liebten sie über alles. Sie war eine so verspielte Maus. Einmal nahm sie ein Glas vom Couchtisch, stellte es auf den Boden und trank daraus. Eigentlich waren wir ganz glücklich, dass sie niemand wollte, denn wir und unsere Katzen hatten sie ins Herz geschlossen. Allerdings hatte es einen bitteren Beigeschmack, denn in unserem Haus waren Hunde streng verboten. Ich werde nie den Tag vergessen, als ein Schreiben von der Hausverwaltung kam, in dem stand, wir wüssten doch, dass keine Hunde erlaubt sind. Entweder müssten wir den Hund abgeben oder wir würden gekündigt. Das sind die schrecklichsten Momente im Leben. Wir waren verzweifelt. Eines Tages kam meine Mutter und erzählte von einer Freundin, Freunde hätten ein schönes Heim, der Opa lebte bei ihnen und der Sohn wünschte sich über alles einen Hund. Sie wären von Mäxle begeistert, und dass sie sie hegen und pflegen würden, und wir könnten sie, wann immer wir wollten, sehen und besuchen. Es war der schlimmste Tag in unserem Leben für Svenja und mich. Ich beruhigte mich damit, dass sie es jetzt gut hat und habe gebetet, gebetet, gebetet ……..

Meine Mutter, eine Seele von Mensch, die ihr letztes Hemd gab, wenn man in Not war, lebte nicht weit von uns entfernt. So wusste ich auch meine Svenja immer in „guten Händen". Meine Mutter kam eines Tages und erzählte uns folgendes: Sie erledigte wie immer ihre Einkäufe, war auch bei der Reinigung und zog ihr weißes, gereinigtes Mäntelchen gleich an, um mit dem Bus nach Hause zu fahren. So saß sie gemütlich an der Bushaltestelle, als sie von hinten etwas großes Braunes mit einer nassen Schnauze und schmutzigen Pfoten ansprang und jaulend versuchte, sie abzuschlecken. Der junge Mann, der dabei war, entschuldigte sich vielmals bei ihr, er verstand gar nicht, warum seine liebe Hündin „Maxi" so etwas tat, das hatte sie noch nie getan. Da umarmte meine Mutter „Mäxle", sie sprang an ihr hoch, denn da war ihr klar, der große Hund war unsere Maxi. Weinend kam sie nach Hause und erzählte uns von ihrem Wiedersehen und dem frisch gereinigten Mantel. Viele Jahre sind jetzt vergangen, als etwas Eigenartiges geschah.

Normalerweise bin ich ein Mensch, der versucht, ehrlich und geradlinig zu handeln und durch das Leben zu gehen. So habe ich auch einen ruhigen Schlaf, worüber ich ganz glücklich bin. Aber an diesem Abend geschah etwas ganz Eigenartiges. Ich konnte einfach nicht einschlafen, hatte aber auch nichts, was mich beschäftigte, keine Sorgen; dennoch war etwas anders als sonst.

Meine Hunde und Katzen lagen jeder auf seinem Schlafplatz und eigentlich war alles in Ordnung. Da hörte ich ganz klar und deutlich den Namen „Max" und war ganz erstaunt, was das wohl bedeuten würde. So dachte ich wieder an unsere Maxi, und welche Qual, wie unglücklich und untröstlich wir alle damals waren. So kam es nach vielen Jahren, dass mir das Herz schwer wie Blei wurde und Trauer überkam mich, es war unerklärlich, warum jetzt auf einmal, nach fast 14 Jahren. Plötzlich, ohne Vorwarnung, aus heiterem Himmel. Irgendwann am Morgen fiel ich weinend in den Schlaf. Am Morgen, nach dem Kaffeetrinken, dachte ich nochmals erstaunt kurz daran, vergaß es dann aber wieder. Mein Leben lief wieder seinen ganz normalen Rhythmus, bis die nächste Nacht kam.

Als ich mich hinlegte, war alles normal, da kam plötzlich wieder diese Trauer, dieser Schmerz, wieder hämmerte es in meinem Kopf: „Max." Plötzlich durchfuhr es mich wie ein Blitz, vielleicht sollte ich nach Maxi sehen, vielleicht lag sie im Sterben, hatte Qualen, Angst. Ich wusste nur eines, ich musste morgen alles stehen und liegen lassen und nach

Maxi sehen. Da wurde mir bewusst, dass ich die Adresse nicht mehr hatte, aber vielleicht hatte sie ja Svenja noch oder wusste, wo sie wohnten. Ich konnte damals nicht hingehen, es hätte mir das Herz zerrissen. Als ich sie einmal traf, wo sie in Urlaubsunterkunft war, mussten sie Maxi wegziehen, da sie mit mir gehen wollte und nach mir herzog bis ich sie nicht mehr sah. Das sind unendliche Schmerzen, wo das Herz richtig weh tut. Selbst jetzt nach diesen vielen Jahren.

Aber die Hoffnung stirbt zuletzt, und so schlief ich endlich gut ein. Am nächsten Morgen beschloss ich, sie zu suchen, egal wie, ich würde sie finden.

Am nächsten Morgen rief ich in aller Frühe Svenja an und fragte sie nach der Adresse. Aber Svenja wusste sie auch nicht mehr, sie hatte sie anfangs öfters besucht, aber einmal hat Maxi wohl nach ihr geschnappt und Svenja meinte, dem jungen Mann hätte ihr Kommen auf Dauer wohl nicht so gepasst. Aber ich ließ mich nicht beirren und fuhr in den Stadtteil, wo ich früher mal war und meine Maxi wohl wohnte. Aber alles hatte sich verändert, da kam mir plötzlich die Idee, und ich dachte mir, normalerweise kennen sich die Hundebesitzer oder wissen zumindest, wo ein Hund wohnt bzw. wo er hingehört.

So sprach ich eine Frau mittleren Alters an, die an der Leine einen freundlich wedelnden Colli führte, der mich sehr interessiert anschaute. Ich fragte sie, wo wohl eine Familie wohne mit einem großen braunen, zotteligen Hund, der auf den Namen „Maxi" hört. Die Familie kenne sie wohl nicht, aber ein brauner, zotteliger Hund läuft hier schon seit ca. 2 Jahren herum, völlig verwahrlost und extrem scheu. Er hat wohl immer die gleiche Strecke, erst an ihrem Haus links vorbei, dann beim Schulhof, wo er wohl oft sucht und Pausenbrote findet. Ich fragte sie, ob sie ihm schon mal was zu essen gegeben hat, aber sie meinte, wenn man ihn ruft, läuft er schnell weg. Ihre Tochter hatte schon oft gesagt, wie leid ihr das Kerlchen tut, aber was sollte sie tun?

Mir wurde schlecht vor Schreck, und ich dachte mir, vielleicht sind die Leute ja weggezogen und Maxi ist abgehauen und streunt jetzt hier herum. Jetzt war es nur noch eine Frage der Zeit, denn da ich schon viele Jahre wilde Katzen füttere, bzw. Futterstellen habe, kenne ich mich gut aus. Der freundlichen Dame gab ich meine Telefonnummer und bat sie, mich zu informieren, wenn sie ihn sehen würde. Ich beschloss, hier versteckt eine Futterstelle einzurichten, was ich ihr auch mitteilte, aber es war der Dame recht, da sie ja Mitleid mit dem Hund hatte. Das würde schon klappen. Ich postierte mich von da an jeden Tag um 7.30 Uhr in der Frühe, bei Wind und Wetter. Ich stellte einen Napf mit Nassfutter auf und schnitt ein paar Saiten mit hinein.

So saß ich eines morgens, es war im Januar und eisig kalt, und beobachtete. Jedoch auch ich wurde beobachtet und auch einige Male gefragt, was ich hier tat. Einmal kam ein älterer Herr mit seinem Riesenschnauzer „Gerlinde", die er nur mit Mühe von meiner Futterstelle mit den Saitenwürstchen wegziehen konnte. Auf seine Frage antwortete ich wahrheitsgemäß, und er war überglücklich. So erzählte er mir, dass er selbst Metzgermeister sei, im Ruhestand, und wenn seine Frau im Sommer mit Gerlinde Gassi ginge, wartet der braune, zottelige Hund, um hinter ihnen herzulaufen (keine Maxi, sondern Max?). Er selbst habe schon die Polizei alarmiert, aber die stellen sich nicht hierher und warten, bis ein brauner, zotteliger Hund vorbeikommt.

Von diesem Tag an habe ich auch Gerlinde jeden Morgen ein Stück Wurst mitgebracht, da sie mich immer freundlich erwartete und begrüßte. Eines Tages rief Svenja an und sagte: „Mama, ich habe die Besitzer ausfindig gemacht, Familie Kurz, ach ja, so hießen sie." Gleich darauf rief ich an und habe von den

Besitzern erfahren, Maxi hätte ein glückliches Leben gehabt und ist vor zwei Jahren an Altersschwäche gestorben, sie hätten sie über alles geliebt. Eigentlich hätte ich nun meine Suche beenden können und Thomas meinte: „Gott sei Dank, ich hatte schon Angst, es kommt noch ein Hund." (Er kann Gedanken lesen ………).

Na klar, auf unseren Max habe ich so lange gewartet, jetzt würde ich ihn auch einfangen, vielleicht ist er ja einfach „mein Max".

So waren ca. 7 Wochen vergangen, als ich morgens wieder zur Futterstelle fahre, überall Schnee, eisiger Frost, Kälte kroch durch alle Knochen, da sah ich ihn das erste Mal in Richtung Futterstelle laufen. Ich drosselte das Tempo, ließ die Fensterscheiben runter und sagte ganz ruhig „Max!!!." Er blieb stehen, schaute mich ganz kurz an und ging seinen Weg unbeirrt weiter. Ich fuhr rasch zur Futterstelle, stellte das Futter hin, da stand er plötzlich zögernd vor mir. Ich grabschte mir schnell ein Stück Wurst, hob es ihm langsam hin und sagte: „Komm??" Wie in Zeitlupe nahm er das Stück Wurst, dann noch eines, und rannte dann wie ein Pfeil davon, als wüsste er selbst nicht, was mit ihm los war. Die nette Dame hatte die Szene beobachtet und war verwundert, dass er das Stück Wurst aus meiner Hand genommen hatte. Dann erschrak er wohl vor seiner eigenen Courage. Allerdings glaubte sie nicht, dass er heute nochmals kommen würde, ich könnte also ruhig nach Hause fahren.

Ich fühlte mich überglücklich, er hatte so schöne rehbraune Augen, und dass er aus meiner Hand gegessen hatte, war ein gutes Omen, die nächsten Tage würde ich ganz bestimmt eine neue Gelegenheit bekommen.

Es sollte schneller gehen als ich dachte. Zuhause angekommen, zog ich meine Schuhe aus, um mich etwas aufzuwärmen, als mein Handy läutete. Die nette Dame war dran und sagte: „Kommen Sie schnell, unser Nachbar, der Metzger, kam mit Gerlinde und ebenso Ihr „Max", da hat der Metzger Gerlinde (Riesenschnauzer) an den Baum gebunden, sie hat ihm ein dickes Seil zugeworfen und er schrie: „Rufen Sie schnell sein Frauchen an, sie soll schnell kommen und ihn abholen."

Max war der schönste, intelligenteste und selbstbewussteste Hund, den ich je hatte. Natürlich dauerte es etwas, bis er seinen Platz an meiner Seite gefunden hatte, er ging jeden Tag mit mir ins Geschäft. Er war wie mein Schatten, manchmal, wenn er auf meinem Bett lag, schrak er plötzlich hoch, und wenn er mich sah, ließ er sich zufrieden und beruhigt zurückfallen. Ging ich Katzen füttern, Max wollte mit, es nützte alles nichts. Was auch immer ich tat, Max war dabei und ließ sich auch nicht abschütteln.

Es war an einem Sonntag morgen, irgendwo läuteten die Kirchenglocken und beim Haus Nummer 18 roch es nach Sonntagsbraten, da sah ich plötzlich 4 Lichtkegel um Max, und ich war mir sicher, es waren seine Engel, die mich riefen, ihn zu finden, meinen geliebten Max.

Seva im Speisesaal

Eigentlich sind es so viele erlebte Geschichten, dass ich gar nicht weiß, wo ich anfangen soll. Bei jedem Aufenthalt ist der freiwillige Dienst Seva im Speisesaal sehr wichtig, denn bei den vielen Menschen fällt in der Küche und im Speisesaal sehr viel Arbeit an. Dieser Sevadienst ist freiwillig und wer nicht will, der braucht auch nicht zu helfen.

Allerdings habe ich immer gern in der Küche Seva gemacht. Erstens hat man eine körperliche Betätigung und man ist beim Geschirrabtrocknen immer oder meistens in gut gelaunter Gesellschaft. Manchmal wird gesungen, und drittens empfand ich es immer als ganz besondere Stimmung dort. Es ist ein großes lebensechtes Bild von Swami aufgebaut und mit Blumen geschmückt, Kerzen brennen und aus buntem Sand sind Mandalas aufgebaut.

So hatte ich zwei ganz besondere Begebenheiten in der „Küche" erlebt. Einmal war ich beim Abendessen sehr müde, und das gute Essen hat mir den Rest gegeben, da fiel mein Blick auf eine kleine Karte auf dem Tisch, worauf stand: „Hände, die helfen sind wichtiger als Lippen, die beten. Baba." Also raffte ich mich auf und ebenso Katrin, eine Studentin. Wir sprachen uns ab, dass wir die ersten acht Tischreihen aufstuhlen und Tische abwischen wollten. Meistens nehmen die Frauen ihre Tabletts und räumen sie selbst auf.

Da sah ich plötzlich Vibbuthi auf dem Tisch und rufe Katrin, was sie meinte, ob das wohl irgendwer hergeschüttet hatte und warum? Aber sie zeigt mir, dass es wohl nicht von menschlicher Hand hergeschüttet wurde. Es sah aus wie von oben geworfen. Sofort war eine Traube von Helferinnen da, und freudig verteilen wir dieses silberne kleine Wunder, das so unverwechselbar duftet.

Wieder einmal stehe ich müde in der Essensschlange, als noch nach Helfern aufgerufen wird. Ok, was solls, helfen wir halt Essen ausgeben, und wieder sind wir ein kleiner freundlicher Haufen Helfer, bekommen Schürzen und ein Lächeln. Der Speisesaal ist eigentlich ein leerer Raum, wo zu Öffnungszeiten Tische und Stühle aufgestellt sind und wo Essen verteilt wird. Es ist nochmals eine Tischreihe aufgestellt, dahinter stehen wir mit Schürzen und geben mit großen Kellen Essen aus, so wie in einer Selbstbedienungstheke. Am Anfang muss man warten bis alles aufgebaut ist, dann wird erst noch das Arati gesungen – das singt jeder mit, und die Arbeit bleibt liegen – und dann geht es los.

Aber noch während wir stehen und warten, fällt mir plötzlich ein Stück Papier vor die Füße. Verwundert bücke ich mich, hebe es auf und schaue erstaunt auf ein Foto von Swami in jungen Jahren (was sehr selten ist) mit Rosen im Haar. Die jungen Frauen rechts und links von mir sind ebenfalls verwundert, wo das plötzlich hergekommen ist. Falls es von ihnen war, wer kommt zu so einem Foto? Wir zeigen es der Chefin, die lächelt und meint: „Swami!!! Behalte es, es ist für dich." Da ruft plötzlich ein junger Inder, schaut und zeigt über mich, da hängt ein Bild von Swami, handgezeichnet, wie er etwas wirft!!! Die Inderin meint, wenn Swami werfend etwas materialisiert, bringt es großes Glück.

Dieses Foto ist mein Lieblingsfoto von ihm, auch mein Bruder, der Fotospezialist ist, meinte: „Eine sehr merkwürdige Fotografie, nicht alltäglich."

Und es sind noch so viele Geschichten, aber die hier erzählten sind die schönsten – bis jetzt. Fortsetzung folgt.

In tiefer Demut und Dankbarkeit verneige ich mich vor Buddha, den Bodhisattvas, Sai Baba, dem Dalai Lama und allen großen Seelen, die das allumfassende Mitgefühl und den Dharma gelebt haben. Für all die Güte und

Liebe, die ich erfahren durfte, danke ich aus tiefstem Herzen und möchte mich dem Gebet bzw. der Widmung anschließen:

„Zum Wohl und Glück aller empfindenden Wesen aller Menschen und Tiere auf der ganzen Welt und für ihre Erleuchtung. Möge es großes Glück und Segen bringen."

Glossar

Ashram Aufenthalt eines Weisen oder spirituellen Lehrers

Arati die Anbetung Gottes mit einer Kampferflamme. Der Kampfer verbrennt ohne Rückstände. Genauso zehrt Gottes Flamme der Liebe das Ego auf, ohne eine Spur von „ich" oder „mein" zu hinterlassen. Die Flamme ist Symbol für das Vernichten aller relativen Wünsche, die den Menschen daran hindern, sich Gott wirklich zuzuwenden.

Avatar wörtl.: Herabkunft; Inkarnation des göttlichen Bewusstseins auf Erden; Gott, der Gestalt annimmt, um die göttliche Ordnung wiederherzustellen, die der Mensch verletzt hat.

Bangalore Hauptstadt des Bundesstaates Mysore in Südindien, die wegen der Höhenlage (920 m) ein besonders angenehmes Klima hat.

Bhajan — Lied, in dem die vielen Namen Gottes verherrlicht werden.

Bilokation — sich an weit entfernten Orten zu gleicher Zeit aufhalten, die Fähigkeit der Translokation, d.h. vorübergehend seinen Körper zu verlassen.

Bodhisattva (SKH) — ein Praktizierender, der die selbstlose Gesinnung des Bodhicitta entwickelt hat und sich auf dem Weg zu vollständiger Erleuchtung befindet. Ein Leben ganz zum Wohle aller Wesen führend, geloben Bodhisattvas, im Daseinskreislauf zu bleiben, um den Wesen zu helfen, statt nur nach persönlicher Befreiung zu streben.

Bombay — Großstadt an der Westküste Indiens.

darshan — die Form eines Heiligen sehen und seinen Segen empfangen.

Devotee — engl. Bezeichnung eines Menschen, der sich einem spirituellen Lehrer (Guru) anvertraut hat.

dharma	Ordnung, Gesetz, Rechtschaffenheit
Guru	spiritueller Lehrer; Meister, der seinen Schülern den Weg zur Erleuchtung zeigt.
inner view	im Gegensatz zum Interview findet hier der Kontakt mit dem Meister auf der inneren Ebene statt.
Kasten	soziale Rangordnung, in die man hineingeboren wird.
Krishna	Name einer vollkommenen Inkarnation Gottes ca. 3100 Jahre vor Chr.
lila	wörtl.: Spiel; göttliches Wirken, das Schöpfung, Erhaltung und Auflösung beinhaltet.
linga	Symbol für das Göttliche; die ovale Form ist eine Modifikation des Kreises, der ein Ausdruck der absoluten Wirklichkeit ist. Sathya Sai Baba hat mehrere lingams in der Öffentlichkeit hervorgebracht.
Mala	ist ein Gebetskranz. Traditionell hat er 108 Perlen – stellvertretend für die An-

Mandala	zahl der Bücher des Tibetischen Buddhismus. kreisförmig rund, geometrische Form, die meist symmetrisch auf einen Mittelpunkt hin orientiert ist und der Meditation dient.
mantra	Vers aus dem Veda; bei regelmäßiger Wiederholung führt er zur Läuterung des Denkens und zu spiritueller Erfahrung.
mind	engl. Bezeichnung für Denken und Fühlen, Gemüt und Verstand.
namaskàra	eine Grußform; Zusammenlegen der Hände nahe der Herzgegend als Ausdruck der Verehrung.
Prashanti Nilayam	„Ort des höchsten Friedens", der Name von Sathya Sai Babas Ashram.
Prema Baba	dritte Inkarnation Sathya Sai Babas, die für das Jahr 2028 angekündigt ist.
Punjabi	Kleidungsstück für Frauen, bestehend aus Hose und langer Bluse.
Puttaparthi	Name (Telugu) eines Dorfes (jetzt Stadt) im südin-

	dischen Bundesstaat Andhra Pradeshi; Geburtsort von Sathya Sai Baba, wo auch der Hauptashram Prashanti Nilayam entstanden ist.
Riksha	Fahrrad-Taxi
Rikshapuller	Fahrer eines Fahrrad-Taxis
Sai Gita	Name der Elefantin; Babas Lieblingstier, die in ihrer nächsten Inkarnation als Mensch geboren werden soll.
Samsara	Kreislauf von Geburt und Tod.
Sari	trad. Kleidung der indischen Frauen, bestehend aus einem rechteckigen Stück Stoff.
Satsang	Gemeinschaft, Gesellschaft der Guten, der Gott Hingegebenen; gute Gesellschaft, guter Umgang, Kontakt mit den weisen und tugendhaften Menschen. Satsang ist eine wichtige Hilfe für den spirituell Strebenden, denn die Menschen, mit denen man seine Zeit verbringt, ha-

	ben einen tiefgreifenden Einfluss bis ins innerste.
Satya	Wahrheit, die zu allen Zeiten und unter allen Umständen gültig ist.
Seva	Dienst am Nächsten; Helfen als spirituelle Disziplin.
Sevadal	jemand, der Gott und den Menschen dient.
Shed	engl. Bezeichnung für eine große Halle, die im Ashram als Übernachtungsmöglichkeit genutzt wird.
Shiva	„Der Gütige, Freundliche, Gnädige"; Shiva ist der auflösende oder transformierende Aspekt der Dreieinheit Brahma-Vishnu-Shiva. Wo immer sich etwas auflöst oder verändert, wo etwas zerstört oder vernichtet wird, ist Shiva am Werk.
Stupa	Hügel: rundes, kuppelförmiges Bauwerk; heiliges Denkmal, das insbesondere in der Tradition des Buddhismus für Reliquien benutzt wird.
Swami	ehrerbietige Anrede eines

	spirituellen Meisters, auch Sai Babas.
Vibuthi	heilige Asche, die von Sathya Sai Baba materialisiert und als Heilmittel gegen Krankheiten eingesetzt wird.
Whitefield	Vorort von Bangalore, wo auch ein Ashram Sai Babas besteht.